* Dictionnaire * d'anti-citations

Vous aimez l'humour ? Inscrivez-vous à notre newsletter pour suivre en avant-première toutes nos actualités :
www.cherche-midi.com

Directeur de collection : Arash Derambarsh

23, rue du Cherche-Midi
75006 Paris

FRANZ-OLIVIER
GIESBERT

Pour vivre très con et très heureux

Dictionnaire d'anti-citations

cherche midi

“Le recours aux pensées est souvent le symptôme d’une inaptitude à penser.”

“La bonne citation comprime le maximum de pensées dans le minimum de mots.”

“Un auteur de recueil de citations est un plagiaire qui finit toujours par se copier lui-même.”

Angelus Merindolus (1534-1592),
dans son livre *Pensées d’après messe*

INTRODUCTION

Longtemps, je fus un mauvais élève. À douze ou treize ans, j'étais trop occupé à écrire mon « œuvre » en plusieurs volumes, à nourrir les bêtes de la ferme familiale ou, que les ligues de vertu me pardonnent, à me donner du bon temps sur le carrelage des toilettes en pensant à mes jolies collègues du lycée. On ne peut pas tout faire. Si j'ai réussi à me faufiler chaque année dans la classe supérieure, c'est parce que je faisais illusion. Même si je voulais devenir Hugo, c'est-à-dire écrivain, j'étais déjà, sans le savoir, journaliste dans l'âme : un imposteur qui savait embobiner son monde.

Grand lecteur, je pris l'habitude de glisser, jusqu'en terminale, des citations dans mes copies ou mes interrogations orales. J'observais que ça plaisait beaucoup à mes professeurs, mais ma mémoire étant souvent défaillante, je ne vivais que sur un stock assez réduit et j'avais souvent du mal à retrouver la pensée exacte. Il me sembla bientôt plus judicieux de les fabriquer moi-même. J'attribuais alors mes sentences à ces grands pourvoyeurs de citations que sont Malraux, Shakespeare, Nietzsche et quelques autres : ça en jetait. C'est ainsi que je finis par passer pour un puits de culture, réputation qui me servit, soit dit en passant, auprès des filles que mes grosses lunettes de myope faisaient fuir, pour mon plus grand malheur.

Quand je commençai à écrire dans les journaux, je devins plus prudent : le lecteur est sans pitié et ne passe rien aux scribouilleurs. Je cessai donc d'inventer des fausses citations et donnai alors dans le proverbe, m'attachant à en dénicher de vrais dans les dictionnaires ou les conversations, encore qu'il m'arrivât de temps en temps de repiquer et d'en mitonner un faux que je qualifiais de bantou, chinois ou auvergnat, histoire de m'assurer une bonne chute pour mon éditorial. J'en ai retrouvé quelques-uns, dans mes vieilles collections du *Figaro*, qui sont peut-être de mon invention, notamment :

« Il vaut mieux conserver sa tête que son chapeau. »

**« Les renards peuvent oublier le piège,
mais le piège n'oublie pas les renards. »**

« Il faut savoir tuer le poulet pour effrayer le singe. »

**« L'âne ne sait pas nager tant que l'eau
ne lui monte pas aux oreilles. »**

*

Des années après, je ne saurais reconnaître les vrais des faux proverbes parmi tous ceux que je citais dans mes éditoriaux. Non que je fusse particulièrement doué pour les composer mais « proverber » est beaucoup plus facile qu'on pourrait le croire. Il faut d'abord trouver un nom, de préférence celui d'un animal, le mélanger avec d'autres mots du même genre, chercher des rapprochements incongrus, agiter longtemps, et vous verrez,

le miracle se produira : il sortira de vos méninges une pensée plus ou moins bonne ou absurde que je vous conseille de noter sur-le-champ pour ne pas l'oublier. C'est une activité que j'appelle le « proverbage ». Je m'y adonne volontiers dans les transports en commun : elle s'apparente aux mots croisés ou fléchés, dont j'ai toujours été incapable de remplir les cases.
Exercice pratique. Prenons une poule :

« Si la poule fait cocorico, elle ne pondra pas d'œuf. »

Variante :

« Quand le coq pond des œufs, c'est une poule. »

Rien n'empêche de changer d'inspiration :

« Trop de poules tuent le coq. »

« Un coq sans poule est comme une cruche sans eau. »

« Glousser n'est pas pondre. »

Le proverbe de ferme ou de basse-cour n'a pas toujours la même force, du moins pour les esprits faibles, que le proverbe de savane, que l'on pourra qualifier, pour impressionner les foules, de peul, baoulé ou swahili.
De ce point de vue, même si on en abuse, le lion est un bon client :

« Si le lion se laisse tirer les poils de la moustache,
c'est qu'il est mort. »

« La sauterelle n'a rien à craindre du lion. »

« Le lion n'a ni maître ni ami. »

Gardons-nous de considérer l'art du proverbe comme un genre mineur, derrière l'art de la maxime. Il n'en est pas moins vrai que l'on maîtrise assez vite cette technique, qui permet de dire des choses souvent profondes en quelques lignes.

*

Je me souviens de la joie dans la voix de mon ami Michel Onfray quand il m'annonça qu'il avait trouvé une citation pour moi dans *Jean Barois*, le roman de Roger Martin du Gard. Il avait raison : c'est le genre de formule qui peut guider vos pas toute une vie. Je l'ai notée soigneusement dans un cahier à spirale :

« Lorsqu'on est décidé à prendre au sérieux la vérité et à suivre notre conscience, il est très difficile d'être de son parti sans être un peu de l'autre. »

Un proverbe, une maxime, une pensée, fût-elle ridicule, c'est comme un livre en soi. Un manuel de vie, une pièce de boulevard ou une leçon de morale. Parfois, elle en dit même plus long qu'un gros ouvrage de philosophie. C'est le cas de l'une des plus belles citations qui soient, signée Marc Aurèle, qui n'a cessé de m'accompagner :

« La perfection morale consiste en ceci : à passer chaque jour comme si c'était le dernier, à éviter l'agitation, la torpeur, la dissimulation. »

Après ça, il n'y a plus rien à dire. Il ne reste plus qu'à exécuter. Dans le même genre, je ne peux résister à l'envie de citer la célèbre formule de Friedrich Nietzsche, grand maître ès belles sentences :

« Que te dit ta conscience ?

– Tu dois devenir celui que tu es. »

C'est ce qu'il y a de plus dur, dans la vie. Pour continuer dans la catégorie des citations qui peuvent servir jusqu'à notre mort, je vous soumets une formule qui est devenue ma devise à tout jamais. Elle est de sainte Thérèse de Lisieux et tient en trois mots :

« Je choisis tout. »

Une belle citation de ce genre peut vous faire voir le monde autrement et changer le cours de votre existence. Je me souviens du choc que j'avais reçu en découvrant, à quatorze ans, cette proclamation de Simone Weil dans son bréviaire, un des livres préféré de ma mère, *La Pesanteur et la Grâce* :
« Nous ne possédons rien au monde – car le hasard peut tout nous ôter –, sinon le pouvoir de dire je. C'est cela qu'il faut donner à Dieu, c'est-à-dire détruire. »
J'étais resté en état de sidération devant cette sentence d'inspiration bouddhiste, taoïste, chrétienne ou spinozienne, nous appelant à nous mélanger au grand tout. Des décennies plus tard, elle me revient souvent en mémoire.
C'est ainsi que je vis au milieu des citations. Depuis un demi-siècle, je les range soigneusement dans mes bibliothèques neuronales. Sans oublier de les noter dans des petits carnets. Je refuse de me laisser enfermer dans une catégorie et les accueille toutes, les profondes comme les futiles, les graves comme les comiques, pourvu qu'elles soient bonnes.
Je vous soumets, au hasard, quelques-unes de mes préférées :

« Souriez-vous les uns les autres. »

Mère Teresa

« On n'aime plus personne dès qu'on aime. »

Marcel Proust

« Les cons, ça ose tout. C'est même à ça
qu'on les reconnaît. »

Michel Audiard

« C'est une question de propreté :
il faut changer d'avis, comme de chemise. »

Jules Renard

« La pensée vole, les mots vont à pied. »

Julien Green

« Le Christ est avec les bêtes
avant d'être avec nous. »

Fiodor Dostoïevski

« Le vrai est trop simple, il faut toujours y arriver
par le compliqué. »

George Sand

« Passé soixante ans, quand on se réveille et qu'on
n'a pas mal quelque part, c'est qu'on est mort. »

Ricet Barrier

« C'est Dieu qui a créé le monde
mais c'est le Diable qui le fait vivre. »

Tristan Bernard

« Je connaissais une femme très vertueuse. Elle a épousé un cocu. Depuis, elle couche avec tout le monde. »

Sacha Guitry

« Il y aurait moins de veuves si les hommes épousaient des femmes de leur âge. »

Philippe Bouvard

Il faut que je m'arrête. Je pourrais vous faire plusieurs volumes avec les citations que j'aime mais, dans cette introduction, je suis censé vous présenter d'abord les miennes, que j'ai appelées, par pure fausse modestie, mes « anti-citations ». Des réflexions, des méchancetés, des saillies glanées dans ma tête ou Dieu sait où et avec lesquelles je vis depuis longtemps.

*

La fausse citation est une pathologie dont on ne se débarrasse pas facilement. Je dois à la vérité de dire que j'ai fait une rechute au début des années 2000 quand j'ai commencé à mettre en exergue des chapitres de mes livres des pensées de mon cru que j'attribuais à différents personnages de mes romans. Des citations que je mélangeais outrageusement à d'autres, vraies, de Confucius, Churchill, de Gaulle ou Shakespeare.

Que mes lecteurs veuillent bien me pardonner : l'imposture a fonctionné, je ne me suis jamais fait prendre et grande est ma confusion. Mais c'est ainsi que j'ai pu faire revivre, en leur donnant la parole, Jehan Dieu de la Viguerie (*Le Sieur Dieu*) ou bien Antoine Bradsock (*Un très grand amour*).

Vous retrouverez leurs citations dans ce dictionnaire avec aussi quelques histoires graveleuses que la décence m'interdit de préciser et que mon laxisme naturel m'a empêché de biffer *in extremis*. Honte à moi.

J'ai une excuse : si j'aime rire, l'humour n'est pas mon métier. Sur ce plan, je suis même affligé de lourds handicaps. D'abord, je n'ai pas ce sens de la repartie qui a fait la gloire de tous les enfants de Guitry : Arditi, Bénichou, Bern, Caubère, Bouvard, Gallienne, Kersauson ou Ruquier. Sans oublier Mmes Sarraute, Bernier, de La Fressange ou Girod de l'Ain. Ensuite, je n'arrive jamais à me souvenir des histoires drôles, que je raconte comme un pied. Ma mémoire défaillante et mon esprit d'escalier m'ont obligé à noter depuis longtemps déjà sur des cahiers les formules ou les blagues qui me tombaient dessus au hasard de mes journées. Ce petit livre est donc la somme de toute une vie.

Le rire est souvent cruel. Je tiens à m'excuser auprès de tous ceux dont je vais me moquer, souvent avec mauvaise foi, dans les pages qui suivent. Qu'ils sachent que je suis prêt à mourir pour un bon mot et, si ça peut les consoler, je peux déjà leur annoncer que je regretterai, sitôt ce livre paru, certaines de mes vacheries, comme c'est toujours le cas, mais on ne se refait pas. S'ils veulent savourer leur vengeance, je les renvoie à l'article peu amène que je me suis consacré : « Moi-même », page 84.

Pour terminer, si certaines de mes anti-citations vous en rappellent d'autres, ne vous formalisez pas de ces emprunts ou de ces plagiats qui, je le jure, sont involontaires : dans ce genre littéraire, nous nous copions les uns les autres, souvent sans le faire exprès. C'est ainsi que la célèbre formule de Nietzsche : « Ce qui ne me tue me rend plus fort » paraphrase une maxime de l'Antiquité, attribuée souvent à Alexandre le Grand. Comme feu le roi de Macédoine, je fais déjà don de mes « pensées » à la science, à la littérature et à mes chers confrères.

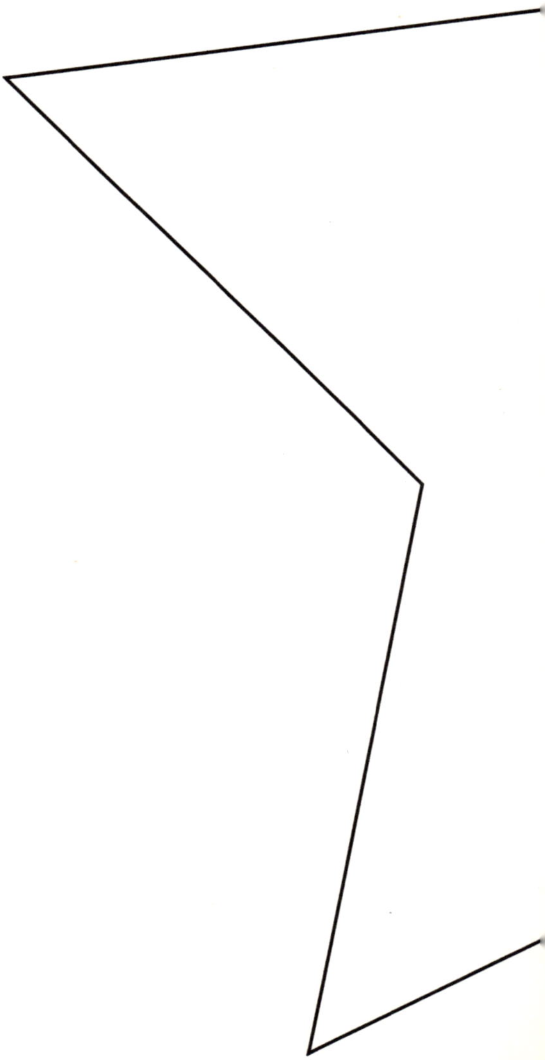

Dictionnaire d'anti-citations

Pour vivre très con et très heureux

a

ADULTÈRE

Souvent, il faut mettre du bois neuf dans l'âtre pour rallumer le feu.

ÂGE

Il vient toujours et, à la fin, il court.

On n'est pas obligé de se le rappeler : il change tout le temps.

Avec l'âge, X est devenu très pessimiste. Il ne sort plus sans sa canne.

AIGREUR

La lèche aigrit la langue.

a

AIMER

Saint Augustin a dit : « Aime et fais ce que tu veux. » Il a raison. Quand on aime, on n'est pas dangereux.

Ce qu'on aime le plus chez l'autre, c'est ce qu'on ne sait pas de lui (ou d'elle).

ALLEMAGNE

Les germanophobes s'inquiètent de la montée en puissance de l'Allemagne en Europe. Si on les comprend bien, il faudrait déclarer la guerre à l'Allemagne avant Pâques. Après, il sera trop tard.

ALLEMAND

Peuple qui a inventé la métaphysique et 14 000 sortes de saucisses.

Quel est le rapport entre la choucroute et la musique classique ? L'Allemagne.

Le peuple allemand est si étrange qu'il sonne le tocsin puis se réfugie dans la cave dès qu'il a entendu une bonne nouvelle.

AMBITION

Quand on sait d'où vient l'ambition, on ne peut ignorer où elle va.

ÂME

Il y a des gens qui courent tellement vite qu'ils laissent leur âme derrière eux. Beaucoup finissent même par vivre sans elle.

AMÉRIQUE

La France est un pays. L'Allemagne, un peuple. L'Amérique, une idée.

Autoroute interminable avec, au bout, un rêve qui peut tourner au cauchemar.

Parfois, on en revient.

Tout y est plus grand qu'ailleurs, les gens, les plats, les immeubles et, surtout, les homards.

AMITIÉ

L'amitié, c'est comme l'amour, mais sans les déclarations ni les serments. Elle est beaucoup plus reposante.

Pour l'amour, il faut un lit. Pour l'amitié, une table, un tabouret et une bouteille, pardon, des bouteilles.

AMOUR

Idée fixe.

Rend très bête ou très intelligent ou les deux en même temps.

Bien qu'il incite souvent au radotage, permet aussi de se regarder des heures sans se parler.

Quand les faibles deviennent forts et inversement.

Esclavage consenti et partagé.

On sait comment on y entre mais pas comment on en sort.

Ce sont simplement les gens qui changent. Les phrases sont les mêmes.

Au début, toutes les amours sont éternelles, mais elles passent...

Il n'y a pas d'amour si on ne s'efface pas. C'est pourquoi, souvent, on ne s'y retrouve plus.

L'amour n'est jamais assez grand : on ne rend jamais qu'une petite part de tout l'amour qu'on a reçu.

Quand l'amour est heureux, vous êtes ridicule. Quand l'amour est malheureux, vous l'êtes tout autant.

Ceux que l'amour n'a pas ramenés en enfance n'ont jamais connu l'amour. Plus il est grand, plus il vous rajeunit.

L'amour, ça recommence tout le temps. C'est comme des allumettes qu'on n'arrête pas de gratter. Jusqu'à la dernière.

L'amour est tyrannique. Surtout quand il est parti.

On a du mal à comprendre pourquoi l'amour est éphémère et la souffrance éternelle. Il doit y avoir une erreur quelque part.

L'amour est un précipice. Quand on a fait le premier pas, on ne contrôle plus rien.

L'amour a toujours raison, même quand il a tort.

ANGLAIS

Ils ont un grand avantage, dans la vie. Ils connaissent déjà l'anglais.

ANIMAUX

La chose principale qui nous différence des animaux, ce n'est pas la conscience qu'on leur refuse bêtement, mais cette tendance à la geignardise et à l'auto-apitoiement qui tirent l'humanité vers le bas.

APAISEMENT

C'est de l'excès que naît l'apaisement.

ARAGON (Louis)

Le génie diarrhéique.

ARBRE

Les arbres ont si peu de vie à l'intérieur qu'ils ne meurent jamais vraiment.

Tout est toujours tombé des arbres, les feuilles et les bêtes. C'est ainsi que l'homme est apparu sur Terre.

ARGENT

L'argent n'a pas d'odeur quand c'est celui des autres.

AUTRUCHE

L'autruche française a le cou si long qu'il lui arrive parfois, quand elle enfouit sa tête, de trouver du pétrole.

AVENIR

L’avenir était quand même mieux avant.

L’avenir finit toujours mal, même quand il est beau.

Il faut croire en l’avenir malgré le passé.

b

BACH (Jean-Sébastien)

Dieu parle à travers.

BAISER

Mélange d'eau, d'albumine, de matières grasses et de sels minéraux.

BALLADUR (Édouard)

La verveine vénéneuse.

Porte son ventre sous le menton.

Sa bouche est comme un fondement.

On a du mal à croire que, le jour de sa conception, son spermatozoïde ait été plus rapide que ses millions de concurrents. Quelqu'un l'a poussé, forcément.

BANQUIER

Ne vous prête de l'argent que lorsque vous en avez.

BAYROU

Même quand il est seul, il reste nombreux.

BEAUTÉ

Ce sont les petits défauts qui rehaussent la beauté.

BEN LADEN (Oussama)

Abcès purulent avec une barbe en forme de pansement.

BIOGRAPHE

Parasite de la postérité.

Éboueur de l'Histoire.

Les célébrités n'ont pas le droit de mourir. Sinon, elles sont aussitôt données à manger aux biographes.

BOIRE

La seule raison de ne pas trop boire est de pouvoir continuer.

L'alcool reste la meilleure façon de résoudre ses problèmes et je veux bien aller en prison pour l'avoir dit.

BONHEUR

Illusion que rien ne passe et que tout demeure.

Ne jamais montrer le sien. Il rend les autres malheureux.

Chef-d'œuvre qui doit à tout prix rester inconnu si l'on ne veut pas transformer tous ses amis en ennemis.

Le bonheur, ça ne se raconte pas, ça se mange.

Le bonheur, c'est quand le malheur se repose, mais il ne se repose pas souvent.

Le bonheur fatigue, le malheur réveille.

On se rend compte du bonheur au vide affreux qu'il laisse subitement derrière lui quand il est parti.

Le bonheur, c'est comme l'amour : de l'eau qui fuit dès qu'on croit la tenir entre ses mains.

BOUC ÉMISSAIRE

Quand la chèvre a du lait, l'homme n'a plus besoin de bouc émissaire.

BRETELLES

Précaution des pessimistes.

BRITANNIQUES

Peuple qui a tendance à tout gagner, la guerre comme la paix.

Tous les tortionnaires le savent : s'ils s'acharnent sur un prisonnier toute la journée et qu'il ne se plaint pas une seule fois, c'est qu'il est britannique.

BUT (dans la vie)

Il faut vieillir très con et très heureux : c'est ainsi que l'on mourra le plus tard possible.

C

CAÏN

« Comment allez-vous, Caïn ?
– Caha. »

CALCUL

Dites à quelqu'un : « Tu fais une course à pied. Tu doubles le deuxième. Combien es-tu ? » Il y a toutes les chances qu'il réponde premier alors que c'est deuxième.

CALLAS (Maria)

Le rossignol du paradis perdu.

CANCER

Aubaine pour les églises. S'il ne frappait pas tant, elles seraient moins pleines.

CARACTÈRE

Il faut beaucoup de caractère pour ne pas le montrer.

Il y a des caractères sans intelligence. Il n'y a pas d'intelligence sans caractère.

CASTRO (Fidel)

Vieux caïman dont on n'a pas changé l'eau de l'aquarium pendant cinquante ans.

CATÉGORIES

X a divisé le monde en deux catégories. Il y a lui et les cons. Il n'y a qu'un seul individu dans la première catégorie et personne ne peut y accéder.

CÉLÉBRATION

Les célébrations finissent toujours par tourner à l'autocélébration des célébrants.

CHAGRIN

Les chagrins qu'on a causés sont ceux dont on se console le moins.

CHANCE (Deuxième)

La vie commence le jour où l'on a appris qu'il n'y a jamais de deuxième chance.

CHASSE

Souvent, nos contemporains adorent la viande et détestent la chasse. Cherchez l'erreur.

Jacques Chirac m'a dit un jour: « Je n'aime pas la chasse mais je comprends les chasseurs. Si un lièvre les attaque, il faut bien qu'ils se défendent. »

CHAT

Chat fait du bien par où chat passe.

Aussi personnel que le chien est altruiste, le chat est un plaidoyer vivant pour les égoïstes. Ils sont bien moins fatigants.

CHÈVRE

Animal moqueur. Insulte perpétuelle à la vanité du genre humain.

CHIEN

Un chien, ça rassure; ça grise aussi. À ses yeux, l'idiot du village devient toujours un géant de l'humanité, un mélange d'Einstein, de Shakespeare et d'Alexandre le Grand, sous prétexte qu'il remplit son écuelle.

Souvent, ce qu'il y a de meilleur dans l'homme, c'est son chien.

Quand les chiens pissent sur votre jambe au lieu de se masturber dessus, c'est que vous avez fait votre temps.

CHINE

Les heures y sont beaucoup plus courtes qu'ailleurs.

Pays du « China blues », que l'on attrape sitôt qu'on l'a quitté.

CHINOIS

On dit : travailler comme un Chinois, un Américain, un Allemand, un Suédois, un Coréen ou un Polonais, mais, chose curieuse, jamais comme un Français.

CHIRAC (Jacques)

Le pépère de la nation.

Le pouvoir s'use aussi quand on ne s'en sert pas.

CHIRURGIEN ESTHÉTIQUE

Boucher spécialisé dans la fabrication de poupées à partir de viande fraîche.

CHOISIR

L'ennui, dans la vie, c'est qu'il faut choisir et que choisir, c'est souffrir.

« Je choisis tout », disait sainte Thérèse de Lisieux. Elle a raison : mieux vaut laisser la vie choisir.

CHRISTIANISME

Permet tout mais n'empêche rien.

Quand il reviendra sur Terre, Jésus sera très en colère en voyant ce que les hommes ont fait de sa religion. Ce coup-là, il est peu probable qu'il se laissera à nouveau crucifier.

CHURCHILL (Winston)

Publicité contre les ligues antialcooliques : s'il n'avait pas tant bu, il n'aurait sans doute pas été le « Père la Victoire » de la Deuxième Guerre mondiale.

Preuve des effets positifs de la boisson, voire de l'ivrognerie, sur le courage et le génie tactique.

L'outre magnifique.

Peintre et écrivain, Winston Churchill est l'auteur mémorable, en plus du reste, d'un grand nombre de bonnes formules comme :
« Christophe Colomb fut le premier socialiste. Il ne savait pas où il allait. Il ignorait où il se trouvait... et il faisait tout ça aux frais du contribuable. »
Ou encore : « Les chiens vous regardent tous avec vénération. Les chats vous toisent avec dédain. Il n'y a que les cochons qui vous considèrent comme leurs égaux. »

CIEL

Ne jamais oublier de regarder le ciel, la nuit. C'est là qu'il est vivant.

CIVILISATIONS

Les civilisations sont comme les humains. Elles naissent, grandissent et meurent, souvent dans d'atroces souffrances.

C

CLEMENCEAU (Georges)

Le Tigre était une teigne. Celui que l'on présente toujours comme le vainqueur de la guerre de 14-18 fut sans doute l'un des hommes les plus drôles et les plus méchants de l'histoire de France. Quelques-unes de ses meilleures formules :

« L'honneur, c'est comme la virginité, ça ne sert qu'une fois. »

« Les femmes vivent plus longtemps que les hommes, surtout quand elles sont veuves. »

« La métaphysique est en l'air. Nous ne pouvons que l'y laisser. »

« La France est un pays extrêmement fertile : on y plante des fonctionnaires et il y pousse des impôts. »

« La tolérance ! La tolérance ! Il y a des maisons pour cela. »

« Le meilleur moment de l'amour, c'est quand on monte l'escalier. »

« En politique, on succède à des imbéciles et on est remplacé par des incapables. »

Sur les personnalités de son temps, on lui a attribué des mots cruels qui sont restés. Ainsi, à propos du maréchal Lyautey : « Voilà un militaire qui a des couilles au cul. L'ennui, c'est que ce ne sont pas toujours les siennes. »

À propos du président Félix Faure, qui venait de mourir : « En entrant dans le néant, il a dû se sentir chez lui. »

À propos de son rival Aristide Briand : « Il est capable de mentir même quand c'est inutile. »

À propos du même ou d'autres ennemis : « Même quand j'aurai un pied dans la tombe, j'aurai l'autre dans le derrière de ce voyou. »

CLINTON (Bill)

Garçon coiffeur qui cherche son peigne.

A gagné toutes ses érections.

Mari d'Hillary Clinton.

COCHON

Humain raté.

Comme les humains, toujours plus apprécié mort que vivant.

COCU

Coucher avec un cocu est une activité reposante pour une femme, surtout si c'est son mari.

COCUAGE

Devise des adeptes du cocuage : « J'aime ma femme (ou mon homme) à condition que ce ne soit jamais la (ou le) même. »

Il n'y a que deux façons d'oublier le grand âge : le cocuage et le jardinage.

COIFFEUR

« Comment voulez-vous que je vous coiffe ? demande le coiffeur.
– Sans me parler », répond le client.

COLÈRE

Mène à tout, à condition d'en sortir.

La colère, comme la bêtise ou l'ambition, grandit quand on l'arrose.

La colère fait perdre les moyens. La haine permet de les retrouver.

COMBLE

Le comble de la pureté : vivre au milieu du Mal sans se laisser contaminer.

Le comble de l'ignominie : vivre au milieu du Bien sans se laisser influencer.

COMMUNISME

Quand l'État de gauche met fin à l'État de droit.

CONDITION HUMAINE

L'enfant : un petit tas de plaisirs. L'adulte : un petit tas de regrets. Le vieillard : un petit tas de souffrances.

CON

Ce qu'il y a de bien chez les cons, c'est qu'ils ne se rendent pas compte.

Un con, ce n'est pas toujours un boulet ; c'est souvent une aubaine, une distraction, un plaisir, et, alors, ça se déguste.

Il y a les constipés, les consensuels, les consanguins, les conscrits, les consommateurs, mais ce sont toujours des cons.

Vivent en banc, comme les sardines, pour mieux échapper aux prédateurs. Les cons se mettent aussi en boîte.

Les cons heureux sont souvent beaucoup plus énervants que les cons malheureux : ils parlent beaucoup plus.

Ne leur jetons pas la pierre, on en a toujours besoin : les cons, ça rassure.

CONNERIE

Maladie transmissible, s'attrape surtout dans les stades ou les bistrots.

La vanité est à la connerie ce que la gastronomie est au fast-food.

CONSCIENCE

Il y a ceux qui courent derrière leur conscience et il y a ceux qui marchent devant.

COPÉ (Jean-François)

Le bris de Meaux.

COQ

Le coq français a un cul de poulet prêt à cuire. C'est normal : nos dirigeants et leurs bureaucrates lui ont pris toutes ses plumes.

CORRIDA

Abattoir public.

Spectacle qui permet aux carnivores de se donner une bonne conscience en fustigeant sa cruauté tout en mangeant leur steak bien saignant.

COUILLES

Jacques Chirac m'a dit un jour : « Aujourd'hui, la médecine permet de tout greffer, les reins, les cœurs, les foies, mais pas les couilles parce qu'on manque de donneurs. »

Tout au long de sa carrière, quand il était confronté à une difficulté, Jacques Chirac répétait si souvent cette phrase qu'elle semblait être sa devise : « Ça m'en touche une sans faire bouger l'autre. »

COULEUR

Les étoiles sont bleues quand elles naissent, jaunes à l'âge adulte et rouges quand elles meurent. Maintenant, choisissez votre couleur.

COUPABLE

Rien ne ressemble plus à un innocent qu'un coupable qui s'ignore.

On naît souvent coupable. Après, ça s'arrange.

COUPS

Les coups qui font le plus mal sont ceux qu'on ne rend pas.

COURAGE

Les courageux sont souvent décourageants, tant ils sont ennuyeux.

COURANT

Il n'y a que les poissons morts qui le suivent. N'hésitez jamais à aller à contre-courant.

COURTISAN

Le chien a des vers ; l'enfant, des poux ; le roi, des courtisans.

Inutile cherchant à se rendre utile.

CRÉER

Tous les créateurs se sont consumés dans leur œuvre. Créer, c'est se détruire.

CROIRE

Croire en Dieu, c'est ne pas croire en soi.

Le matin, je me réveille croyant. Le soir, je me couche athée.

CROTTE

Un jour, il faudra bien oser chanter la crotte, cette fleur des abîmes que la vie décompose avant de se réinventer dessus. Il faudra oser la chanter parce que, contrairement à la légende, elle est d'abord une promesse de vie.

CULPABILITÉ

Habitude à prendre.

Rien n'attise la culpabilité comme la crédulité.

La culpabilité est le meilleur allié de l'amour. Elle l'excite, le répare ou l'exalte.

CYNIQUES

Ce sont toujours les autres.

d

DÉCLIN

Période qui précède la résurrection.

Il y a très longtemps que ça va mal. Sénèque disait déjà, en 53 après Jésus-Christ : « Les mœurs n'ont jamais été aussi dissolues. »

DÉCOUCHER

Le téléphone sonne. Le maître d'hôtel décroche.
« Monsieur, dit une voix, pouvez-vous dire à Madame que je ne rentrerai pas coucher ce soir ?
– Bien sûr, monsieur, mais c'est de la part de qui ? »

d

DENTIFRICE

Mon père disait : « Si les gens se lavaient plus souvent les dents, ils pueraient moins du cul. »

DERNIÈRES PAROLES

« Y a quelqu'un ? »

« Je reprendrais bien un peu de dessert. »

« Cette planète valait vraiment le détour. »

« Je vous attends là-haut. Ne tardez pas trop. »

« C'était bien. J'espère qu'on me réinvitera. »

« Pourriez-vous, s'il vous plaît, éteindre la lumière, qui m'aveugle ? Je ne vois même pas la porte. »

DESCARTES (René)

Philosophe et mathématicien du XVIIe siècle qui disait qu'il s'ennuierait à regarder le Père éternel pendant dix mille ans. L'idée ne lui est jamais venue que c'est le Père éternel qui allait s'ennuyer.

DÉSIR

Plus l'objet du désir recule, plus celui-ci grandit.

Quand on a tout ce qu'on désirait, c'est qu'on n'a plus rien.

DIABLE

Fait toujours ses besoins dans les mêmes fourrés.

S'il fallait une preuve de l'existence du diable en nous, la voilà bien : ce cri affreux que provoque l'eau bénite chez les nouveau-nés quand elle coule sur leur front.

DIEU

Chose trop importante pour être confiée à une seule religion.

Artiste parti sans laisser d'adresse et sans avoir terminé son tableau.

Il faut y croire malgré ses œuvres. Malgré ses absences aussi.

Si Dieu n'existait pas, qui nous pardonnerait ?

S'est fait porter pâle depuis très longtemps.

En vrai, Dieu est fonctionnaire. Il a accroché une pancarte devant son guichet : « En pause-déjeuner. Reviens bientôt. »

Dieu étant tout, on n'est rien, forcément. Il faut plaindre ceux qui ne le savent pas.

Depuis qu'il a enfanté le monde, il ressemble à une mère prolifique devant sa progéniture innombrable : il est débordé et ne sait plus à quel saint se vouer.

Si Dieu existe, il a bien tort.

Dieu ne donne jamais rien. Il ne fait que prêter et, un jour, reprend tout.

Si les gens croyaient en Dieu, ils seraient moins méchants. C'est à se demander s'il ne faudrait pas envoyer une nouvelle fois Jésus-Christ pour les convaincre. Mais il ne voudra jamais revenir.

Nous sommes le fleuve et Dieu la mer. Mais c'est Dieu qui se jette en nous.

Spinoza l'a vu : il est partout, sauf là où on dit qu'il est.

Heureusement que Dieu n'existe pas ; sinon, il croulerait sous les reproches.

Un ami m'a dit : « Je n'y crois pas. D'ailleurs, il le sait. » Un autre : « S'il n'existe pas, il entendra parler de moi. »

DISCOURS

Version douce. Pour être réussi, un discours doit être comme une robe de femme : assez long pour couvrir le sujet et assez court pour être intéressant.

Version dure. Un bon discours, c'est comme une nuit d'amour. Il faut du rythme, de la puissance, des saillies, des surprises. Mais il faut, surtout, savoir conclure à temps. Sinon, on lasse.

Quand l'orateur promet de faire court, mieux vaut s'enfuir tout de suite, mais il est déjà trop tard.

DORMIR

Mourir ou dormir : on ne voit pas trop la différence.

Il y a des vies qu'il vaut mieux passer à dormir. Sinon, elles seraient trop dures à supporter.

DROIT

Quand on n'a pas le droit, il faut prendre le gauche *(proverbe marseillais).*

DROITE

Gouverne généralement à gauche.

(Voir GAUCHE.*)*

e

ECCLÉSIASTE

Tout passe, dit l'Ecclésiaste. Sauf quand ça reste et qu'il faut tout nettoyer après.

Il n'y a rien de nouveau sous le soleil, dit encore l'Ecclésiaste. C'est plus facile à dire à Jérusalem qu'à Elbeuf, Leipzig ou Manchester.

ÉCOUTER

Il y a des gens qui n'écoutent les autres que quand ce sont eux qui parlent.

ÉCRIVAIN

Écrit vain.

Le métier d'écrivain ne consiste pas à écrire, mais à relire et à corriger.

ÉGALITÉ

Tous les humains sont égaux sauf ceux qui se marient.

ÉGOÏSTE

Personne qui ne s'intéresse pas à vous.

EINSTEIN (Albert)

La science ayant établi que le volume de son cerveau était de 10% inférieur à celui des cerveaux moyens, tous les espoirs sont permis, même pour les cons.

EMBLÈME

L'emblème de la France fut longtemps un coq. Mais le président l'a tué et les Français l'ont mangé.

ENFANCE

On fuit l'enfance toute sa vie mais elle finit toujours par reprendre le dessus.

ENFANT

Les enfants attendent souvent que les parents soient morts pour commencer à les aimer.

ENNUI

Quand on croit que l'horloge s'est arrêtée.

ENVELOPPES (Les trois)

C'est une histoire que François Mitterrand aimait raconter et j'y ai souvent eu droit, dans

plusieurs versions. Je vous la fais courte. Lors de la passation des pouvoirs, un président de la République donne à son successeur trois enveloppes numérotées qui lui avaient été remises par son prédécesseur. Il lui conseille de les ouvrir dans l'ordre qu'il a fixé, chaque fois qu'il sera confronté à des difficultés.
Après un an de pouvoir, le nouveau président, devenu très impopulaire et bousculé par une série de grèves générales, ouvre la première enveloppe. Il est écrit : « Mettez tous les problèmes sur le dos de vos prédécesseurs et remplacez les maillons faibles de votre équipe. »
Les choses rentrent dans l'ordre pendant quelques mois, mais un an après, la situation se détériore à nouveau et le pays est paralysé pendant une semaine par des mouvements sociaux importants. Le président ouvre la deuxième enveloppe. Il lit : « Dites à nos concitoyens que vous les avez compris, annoncez un changement de politique et renouvelez toute votre équipe. »
Cette stratégie permet au chef de l'État de tenir un an de plus. Mais la contestation finit par reprendre, avec plus de virulence que les fois précédentes, au point que les manifestants réclament désormais la démission du président et qu'une partie de sa majorité se retourne contre lui.
Le président ouvre alors la troisième enveloppe : « Préparez trois enveloppes. »

ÉRECTION

Dernier plaisir de l'homme pendu.

Même les plus grands monuments finissent par s'émousser avec le temps.

ESPAGNOL

L'Espagnol est juché sur une croix. Inutile de lui retirer la croix, elle repousse toujours.

ÉTÉ

Raccourcit avec l'âge.

ÉTERNITÉ

Toujours trop longue. Même quand on s'aime.

ÉTRANGER

Il y a plus de Français qui sont des étrangers que d'étrangers qui sont des Français.

EXAMEN (Mise en)

L'examen le plus facile à réussir.

f

FABIUS (Laurent)

Visage sculpté dans la confiture.

Quand il sourit, on dirait qu'il est sur le pot et qu'il pousse.

Il a ses yeux dans les poches et des poches sous les yeux.

Personnage remarquable à bien des égards. Mais ce n'est pas parce qu'on a tout qu'on finit par l'avoir.

Quand il aura retiré le citron pourri qu'il a dans la bouche, il arrivera peut-être à sourire normalement.

FAUTE

La meilleure façon de se faire pardonner ses fautes, c'est de ne jamais les avouer.

FEMME

Homme qui a bien tourné.

Meurt souvent à la fin des opéras, juste avant ou après le grand air.

Est toujours vierge quand elle fait l'amour avec l'homme qu'elle aime.

Pour l'homme, c'est une porte qui, parfois, donne dans le vide.

Si Dieu avait été une femme, l'humanité aurait été mieux traitée.

Que serait un monde sans femmes ?
Un crépuscule, un cimetière, une punition.
Il lui manquerait la lumière qui éclaire le dedans des hommes.

Les femmes n'ont pas toujours de la chance. Certaines épousent des cons, d'autres des postes de télévision ou des matchs de football.

Quand les hommes rompent avec elles, les femmes justifient souvent, par leur comportement, les raisons qu'ils avaient de le faire.

(Voir HOMME.*)*

FILLON (François)

Vieux gendre idéal.

Honnête et compétent, il a toutes les qualités ; il ne lui manque que la réussite.

FLAUBERT (Gustave)

Perfectionniste, souffrant de crises de constipation littéraire aiguës.

FOND DES CHOSES

Quand on va au fond des choses, il faut prendre garde de ne pas y rester.

FORÊT

Peut cacher les arbres.

FOURCHETTE

Demandez à quelqu'un de répéter dix fois de suite le mot « fourchette ». Demandez-lui ensuite avec quoi il mange sa soupe. Il répondra invariablement « fourchette ».

FRANÇAIS

Pleurera même au paradis.

Premier producteur mondial de fiel.

Synonyme d'aigri, envieux, ronchon, vaniteux, pessimiste ou mal embouché.

Additionnez deux Français, ça fera toujours une division.

Quand, au bout du monde, quelqu'un se plaint, de la vie, du climat, de la nourriture ou du service, vous pouvez être sûr que c'est un Français.

Les Français ont résisté tard contre les nazis, mais enfin ils ont résisté. Après la guerre, surtout, et même encore cinquante ans plus tard.

Les Français ne sortent de chez eux que pour chercher la gloire, manifester contre les impôts ou faire pisser le chien.

Si vous mangez des frites à côté d'un Français qui se goinfre de caviar, il y a toutes les chances qu'il proteste avec véhémence : « Et pourquoi n'ai-je pas de frites, moi ? »

FRANCE

Monarchie tempérée par les grèves, les révolutions et la décapitation de roi.

Mère patrie de moutons ne se nourrissant que de viande fraîche.

La France est un pays qui cultive le réflexe de l'indignation, la passion de la révolution et l'intelligence de rester tranquille.

On y recense 317 fromages + 1 si l'on ajoute l'État qui est en lui-même un fromage.

FUIR

La meilleure façon de fuir : par le haut.

g

GARCÍA MÁRQUEZ (Gabriel)

Grand écrivain qu'il ne faut surtout pas lire pour pouvoir l'apprécier.

Lave artificielle.

GAUCHE

Gouverne généralement à droite.

(Voir DROITE.*)*

GAULLE (Charles de)

Avec un nom pareil, de Gaulle ne pouvait pas rater sa carrière.

Illuminé du XXe siècle qui avait décidé d'être de Gaulle ou rien.

De son vivant, il y avait beaucoup de femmes qui méprisaient tous les hommes, sauf le général de Gaulle.

Sa faute : n'a pas été assez modeste pour la France.

GÉNÉROSITÉ

La générosité, c'est des cadeaux qu'on se fait à soi-même.

GÉNIE

Personne qui se concentre sur une seule idée après avoir éliminé toutes les autres.

GENTLEMAN

Quelqu'un qui connaît beaucoup d'histoires drôles mais ne les raconte jamais.

GLOIRE

La plus grande des gloires durera toujours moins longtemps que ses propres décombres.

La gloire est éphémère, ses ruines sont éternelles.

GRANDS HOMMES

Souvent très petits.

Deviennent parfois des boulets pour leurs peuples. C'est ainsi que les Britanniques se sont séparés de Churchill et les Français, du général de Gaulle.

Beaucoup sont des tueurs en série qui ont réussi.

Gardez vos distances. Plus on se rapproche d'eux, plus ils rapetissent.

GUERRES

Les hommes en meurent, les généraux en vivent.

h

HACHE DE GUERRE

Quand j'aurai le cerveau bouffé par Alzheimer et que j'aurai oublié jusqu'à mon propre nom, je sais que je me souviendrai toujours de l'endroit où j'avais enterré la hache de guerre.

HAINE

Courage des pleutres.

Haïr fatigue.

Il faut se méfier de la haine. C'est le pire ennemi de la vengeance, qui nécessite toujours beaucoup de doigté et de sang-froid.

Souvent, la haine n'est que de l'amour qui n'ose pas dire son nom.

« Il vous déteste.
– Comment se fait-il ? Je n'ai jamais rien fait pour lui. »

HASARD

Ce n'est jamais quand on gagne que l'on évoque le hasard. C'est toujours quand on perd.

HÉBREUX

Les Hébreux savent lire depuis Moïse.
Les Français depuis Jules Ferry.

HÉMIPLÉGIE

Symptôme dont sont atteints les militants de droite ou de gauche. Les gens de « drauche » n'en sont jamais frappés.

HÉROÏSME

Fuira bien qui fuira le dernier.

La vérité de l'héroïsme, c'est d'abord son odeur. De sueur, parfois d'alcool.

HEURE DE VÉRITÉ

Quand la cruche est cassée, il faut la boire.

HISTOIRE

Toujours écrite par les vainqueurs.

Bavardage sans queue ni tête.

L'Histoire entre toujours sans frapper et, parfois, c'est à peine si on la remarque quand elle passe. Sauf quand elle vous roule dessus.

HITLER (Adolf)

Psychopathe qui se prenait pour Hitler.

Grand constructeur d'autoroutes, a commis des erreurs.

L'odeur de son haleine était si épouvantable qu'elle provoquait des malaises chez ses interlocuteurs : elle sentait le diable.

A fait disparaître le prénom Adolf.

Impuissant surpuissant.

La peinture mène à tout, à condition d'en sortir.

Très surfait.

(Voir MAO *et* STALINE.*)*

HOLLANDE (François)

La modestie poussée à ce point, c'est le comble de l'orgueil.

Godilleur en chambre.

Fait avec les gens ce que Chirac faisait avec les vaches.

On dirait qu'il a toujours du chocolat dans la bouche, même quand il parle.

Ne jamais le sous-estimer. Il y a un os dans le yaourt.

Buste romain sculpté dans un entremets.

Tous ceux qui le prennent pour un caramel mou finissent toujours par se casser les dents dessus.

Conjugue surtout les verbes au futur.

HOMME

Bête qui a réussi.

Seul animal de la Création qui a sa queue devant et qui court après.

Il gagne à être vêtu, du moins en ville. Sinon, il fait peur aux enfants. C'est l'une des supériorités de la femme sur lui.

Un homme sur deux est une femme.

Être qui ne songe qu'à retourner dans le ventre de femme dont il est sorti.

La tragédie de l'homme: chaque fois qu'il voit passer une femme, il a envie de fonder une famille.

Tout homme est un chemin qui revient sur ses pas.

Tous les hommes sont immortels sauf à la fin.

La nature aurait fait les hommes autrement, avec des cornes, une crête ou une queue derrière, ils feraient moins les malins.

Il y a un homme que j'aurais rêvé d'être: une femme.

L'homme est un animal honteux, sauf quand il fait très chaud et qu'il est obligé de se découvrir.

Les hommes finissent dans la vanité ; les femmes, dans l'autorité.

Toutes les femmes sont des hommes mais tous les hommes ne sont pas des femmes.

Quand les femmes rompent avec eux, les hommes justifient souvent, par leur comportement, les raisons qu'elles avaient de le faire.

(Voir FEMME.*)*

HUMAINS

Certains humains descendent du singe ; d'autres, de l'arbre. Pour ma part, je crois que je vais remonter dessus.

HUMOUR (Sens de l')

Après l'attentat qui, en 1981, a failli lui coûter la vie, Ronald Reagan, 40e président des États-Unis, a fait preuve d'un sens de l'humour qui a contribué à la construction de sa légende. Alors qu'il avait perdu une grande partie son sang et qu'un de ses poumons était perforé, il a tenu à marcher dans l'hôpital avant de faire deux blagues. « J'espère que vous êtes tous républicains », a-t-il dit à aux chirurgiens qui allaient l'opérer. Et à sa femme, comme pour s'excuser : « Chérie, j'ai oublié de me baisser. »

i

IDIOTS

Quitte à être idiots, soyons heureux.

IGNOMINIE

On ne sait jamais de quoi on est capable tant qu'on n'a pas essayé.

ILLUSION

Il ne faut jamais se moquer des rêves des gens, ou de leurs illusions. Souvent, ils n'ont que ça.

IMPORTANT

Quand il s'approche pour vous serrer la main, X regarde toujours par-dessus votre épaule pour voir s'il n'y a pas quelqu'un de plus important à saluer de toute urgence.

IMPÔT

Trop d'impôt tue l'impôt et beaucoup d'autres choses mais jamais le crétinisme des gouvernants.

INFINI

Si l'homme avait dépensé autant d'énergie à comprendre l'univers qu'à chercher à monter toujours plus haut les escabeaux du pouvoir, il aurait percé depuis longtemps les secrets de l'infini.

Allez savoir pourquoi, l'imbécile heureux semble entretenir un rapport plus intime avec l'infini que le plus brillant des humains.

INFORMATIONS

Quand les informations courent vite, elles finissent toujours par transpirer.

INQUIÉTUDE

Meilleure arme de l'amour, qu'elle attise et entretient.

INSPIRATION

Des admirateurs discutent devant Stéphane Mallarmé de l'inspiration d'un poème.
« C'est un crépuscule, dit l'un.
– C'est une aurore, corrige l'autre.
– Non, tranche Mallarmé, c'est ma commode. »

INTELLIGENCE

Consiste souvent à ne pas essayer de comprendre.

Il y a des gens qui sont tellement intelligents qu'ils en deviennent stupides.

INTERNAUTE

Nouvelle espèce animale, moitié loup, moitié mouton.

INTERNET

Boîte de Pandore à bêtises.

L'empire des vermines.

Le caniveau des indics et des concierges.

L'opium de la populace.

Nouvelle Kommandantur internationale, reçoit les lettres de dénonciation des Français qui, depuis l'Occupation, sont les spécialistes incontestés mais anonymes de la chose.

IRONIE

Peur de regarder la vérité en face.

ISLAM

Phénomène géographique qui a fini par dépasser le 38e parallèle.

ITALIE

La France en mieux.

Quelle bêtise de voyager à l'étranger quand on est italien !

ITALIEN

Rira même en enfer.

j

JÉSUS

Aurait sûrement réussi s'il n'avait été si gentil.

Brave type qui aurait dû rester à sa place.

Il n'aurait pas eu cette barbe de trois jours, tout se serait peut-être passé autrement.

JEUNE

À quoi bon rester jeune si c'est pour mourir après ?

Il ne faut pas rester jeune trop longtemps si l'on veut mourir très vieux.

JEUNESSE

La jeunesse serait la plus belle chose qui soit s'il n'y avait pas les jeunes.

Maladie qui se soigne toute seule.

JOURNALISME

Le journalisme, c'est le vol, parfois le viol.

Art de s'étonner de ce qui n'épate plus personne.

JOURNALISTES

Mordent les chevilles des autres pour se nourrir.

Certains ont été finis au pipi, d'autres au vinaigre.

JUPPÉ (Alain)

A toujours tout eu pour lui, sauf les circonstances.

Sa loyauté à toute épreuve lui a fait une très belle jambe.

Cet homme a un mauvais goût dans la bouche, ça se voit comme le nez au milieu de la figure. Eh bien, il n'a qu'à boire un verre d'eau, et qu'on n'en parle plus !

Vain de Bordeaux selon les uns, levain de Bordeaux selon les autres.

JUSTICE

Les Français demandent la justice. Ils ne la rendent jamais. Depuis saint Louis, la France et la justice sont brouillées. Elles font chambre à part.

k

KAHN (Jean-François)

Le vieil enfant du journalisme.

Même mort, il sera en colère et remuera la terre au-dessus de son cercueil.

KANGOUROU (Poche de)

Tous les fils en rêvent. Les mères aussi.

KENNEDY (John Fitzgerald)

Quand, après son élection, on demanda aux Américaines si elles auraient aimé avoir une aventure avec John Fitzgerald Kennedy, 89 % ont répondu : « Non, plus jamais. »

(Peut servir aussi pour Casanova, Bill Clinton et Dominique Strauss-Kahn.)

KOUCHNER (Bernard)

Bernard coûte cher au Gabon.

Humanitaire de carnaval.

Le chevalier blanc de la tartufferie.

Rémunère ses convictions contre espèces sonnantes et trébuchantes.

Faux ministre et vrai affairiste, il fut tour à tour le courtisan de Michel Rocard, François Mitterrand, Bernard Tapie, Nicolas Sarkozy, Omar Bongo, et on en oublie.

l

LANGUE

En plus de ma langue maternelle, je parle au moins quatre autres langues : la langue de bois, la langue de bœuf, la langue de pute et la langue au chat.

L'un de mes fils disait : « Quand un homme accuse une femme d'être froide, c'est toujours une mauvaise langue. »

LARMES

Il vaut mieux flotter au-dessus de ses larmes que se noyer dedans.

LÈCHE-CUL

Catégorie où l'on trouve les chiens, les ministres et les filles de joie.

Il faut se méfier des lèche-culs. Ils sont souvent très amers par-derrière.

LÉGION D'HONNEUR (Remise de)

Exception française, relève du goûter d'anniversaire et de l'éloge funèbre.

Le PEN (Jean-Marie)

Tête d'hémorroïde.

Le TROQUER (André)

François Mitterrand aimait raconter la façon très particulière qu'avait André Le Troquer, président de l'Assemblée nationale sous la IVe République, de dire bonjour. Connu pour ses frasques, ce héros, qui avait perdu un bras à la guerre, regardait l'entrejambe de son interlocuteur et lui demandait sans lever les yeux: « Alors, ça marche toujours ? » Sa carrière ne survécut pas à une affaire de ballets roses.

LIRE

Dis-moi ce que tu lis, je te dirai qui tu es.

LITTÉRATURE

Seul moyen de continuer à parler après sa mort.

LIVRE

Jean: As-tu lu le dernier livre de T. ?
Moi: Non. Je n'aime pas ce qu'il écrit: ça ressemble trop aux livres de P.

Jean : Tu as lu les livres de P. ?
Moi : Non, jamais.

Chose en papier qui sert désormais de cale pour les pieds des tables ou des lits.

Il est recommandé d'en remplir sa maison : ça décourage les voleurs.

LOUP

Quand ils sont rassasiés, les loups deviennent des moutons comme tout le monde. Supprimez la faim : il n'y a plus de loups.

Le jour où on laissera le loup garder les troupeaux, il ne restera plus un seul mouton sur la Terre.

m

MAHOMET

Doit beaucoup à Moïse, dont les leçons l'ont aidé à monter son affaire.

S'il revenait sur Terre, il ne reconnaîtrait pas les siens.

Seul personnage de l'histoire qu'il est interdit à la fois de représenter, de moquer ou de critiquer. Imaginez la carrière de Jésus si saint Paul avait édicté les mêmes règles !

MAIN

« Laissez-moi vous serrer la main.
– D'accord, mais promettez-moi de me la rendre. »

m

MAÎTRESSES

Avec l'âge, elles coûtent de plus en plus cher mais on en a de moins en moins besoin.

MAL

Plus contagieux que le bien.

On pardonnera plus facilement le mal qu'on vous a fait que le mal qu'on a fait.

MALRAUX (André)

Écrivain immense à condition de ne pas l'avoir lu.

Petit tas de braises mouillées.

À fréquenter avec un parapluie. Ne s'avance que derrière un rideau de postillons.

Mâle rot.

MANGER

Il y a des gens que l'on aimerait bien manger pour le seul plaisir de les déféquer.

MANN (Thomas)

La montagne chiatique.

MANNEQUIN

Osselets tintinnabulants sur pattes.

Attention, fragile. Une pichenette ou un coup de vent ont tôt fait de le renverser.

MAO (Zedong)

Maniaque sexuel ayant massacré plus de Chinois que les Japonais et Occidentaux réunis.

Des joues comme des fesses.

L'exterminateur lubrique.

Très surfait.

MARI

C'est un homme qui baisse les yeux devant sa femme. Sauf quand il ne la trompe pas.

MARIAGE

Le mariage est le tombeau de l'amour. Les enfants en sont les fleurs.

MARIÉS

Il y a deux grandes catégories de mariés : les trompés et les trompeurs. Les autres sont les naïfs.

MARS

Pourquoi n'y aurait-il pas de vie sur Mars ? Il y en a bien en Pennsylvanie, dans la Sarre, au pays de Galles ou dans le nord de la France.

MARSEILLAIS

Français qui ne fait pas la gueule.

MARSEILLE

Nation du Bassin méditerranéen, considérée, à tort, comme une ville française.

Sur le passeport marseillais, s'il est instauré un jour, le sourire sera obligatoire. Ici, les gens naissent avec, c'est un signe distinctif.

Vivre à Marseille, c'est déjà voir du pays. Tout change d'un quartier à l'autre, les couleurs des rues, les odeurs de cuisine ou les robes des filles.

À Marseille, tout le monde est toujours quelqu'un. Même les pauvres, les putains et les voyous.

MARX (Groucho)

Le vrai Marx.

MARX (Karl)

La barbe qui cache le charnier.

Philosophe fascinant tant qu'on ne l'a pas essayé.

MAUPASSANT (Guy de)

Écrivain d'eau douce.

Obsédé textuel et sexuel.

MÉFIANCE

Il faut se méfier de sa méfiance. Elle trompe souvent.

MÉNAGE

Activité qui permet d'observer que tout est toujours à refaire et fait prendre conscience de la vanité des choses. Les grands hommes s'y adonneraient de temps en temps, ils feraient moins de bêtises et seraient moins ridicules.

MENSONGE

Affection de la jeunesse. Disparaît avec l'âge quand on n'a plus rien à perdre.

Il suffit de vivre longtemps avec un mensonge pour qu'il devienne une vérité.

Il est tout à fait naturel de préférer les mensonges aux vérités. Ils sont moins compliqués.

Il faut se méfier des mensonges quand ils sont trop grands : ils ne passent plus les portes.

MÉPRIS

Difficile à supporter dès lors qu'il est réciproque.

MÈRE

Seule personne capable d'aimer sans rien attendre en retour.

Dieu a créé la mère pour qu'on soit toujours aimé, même quand on ne le mérite plus.

MÈRE JUIVE

Tu te lèves la nuit pour aller pisser et quand tu reviens, le lit est fait.

MERKEL (Angela)

Elle a le sourire du tiroir-caisse quand il est plein.

MITTERRAND (François)

Grand artiste du XXe siècle, de l'école baroque. Sa vie fut son œuvre.

MOI-MÊME

Citationniste.

Cochon végétarien.

Vieil éjaculateur précoce.

La littérature à l'état de colique.

Cas unique de bovidé au regard torve.

Brouillard puant.

Groin en chaleur.

Psychopathe polygraphe : s'il ne passait ses nuits à écrire, on n'ose imaginer comment il les remplirait !

Mon visage n'a même plus d'angles mous, il n'y a plus que des angles morts.

Plus je me connais, moins je me fais confiance.

Inutile au mouillage, dangereux à la mer.

L'homme que je suis, c'est quelqu'un que personne ne voit jamais, sauf moi. Heureusement.

MONDE

Appelé à disparaître quand je mourrai.

MONOLOGUE

Invention féminine qui a fini par s'imposer à tous

MONTEBOURG (Arnaud)

D'Artagnan de comédie française. Cherche son cheval et son épée.

MORALINE

Morale de poche, à l'usage exclusif des belles âmes dont elle devient le fonds de commerce, souvent très lucratif.

MORALISME

Ne consiste qu'à s'occuper de la morale des autres.

MORT

Ne s'attrape qu'une fois dans la vie, mais souvent plus tard.

Mourir n'est pas grave pourvu qu'on soit en bonne santé.

Quand on meurt, c'est pour la vie et même encore après.

On meurt longtemps.

La vie est un refrain dont la mort nous fait perdre le fil.

La mort est comme l'amour. Même quand on s'y attend, elle vous prend au dépourvu.

La mort ne serait rien s'il ne fallait mourir.

Dans la vie, tout est une question de moment. La mort, surtout.

La mort des autres nous inquiète et nous rassure.

Il y a des gens qui sont morts et qui continuent à marcher comme s'ils ne le savaient pas.

Si la vie n'est pas démocratique, la mort l'est. Elle rattrape tout.

Rien n'est plus vivant qu'un mort : quand les gens meurent, ils deviennent plus vivants que jamais dans nos têtes.

La mort est la seule chose qui nous permet de vérifier qu'on a vraiment vécu.

MOUCHES

Sans elles, on confondrait les saisons. C'est pour ça qu'elles existent.

Il y a une civilisation des mouches comme il y a une civilisation des humains. C'est la même. Ses deux mamelles sont le stupre et l'avidité.

MOURIR

Pour être aimé, il suffit de mourir.

Dieu est bien aimable de ne nous faire mourir qu'une seule fois.

Mourir n'a jamais empêché personne de vivre.

Il y a des gens qui ont l'air si malade qu'on se demande s'ils vont arriver à mourir.

À la campagne, quand un animal meurt, on dit souvent : « Il est arrivé. »

MOZART (Wolfgang Amadeus)

Génie ayant tout raté. Sauf son œuvre.

Écrire le *Requiem* de Mozart et puis mourir... Comme sa mort a dû être facile !

n

NAPOLÉON (Bonaparte)

Il ne se serait pas pris pour Napoléon, il aurait fait moins de morts et aurait sûrement gouverné plus longtemps.

Consolation des maris trompés, il est la preuve que le cocuage mène à tout, y compris aux sommets.

NARCISSE

Vient toujours nous déranger quand on est tranquille.

Qui est l'imbécile qui l'a laissé entrer ?

NATIONALISME

Nerf et mère de la guerre.

L'opium des amnésiques.

Lubie de ceux qui croient que l'histoire du monde a commencé le jour de leur naissance.

NÈGRE

Permet aux auteurs de n'avoir pas à lire les livres qu'ils ont eux-mêmes signés.

NEW YORK

Mais pourquoi les Américains n'arrivent-ils pas à finir cette ville une fois pour toutes ?

NICE

Veni, vidi, nici.

Nicetzsche : son soleil a inspiré au philosophe allemand qui y séjournait souvent quelques-unes des plus belles pages du *Gai Savoir* ou de *Ainsi parlait Zarathoustra*.

NIETZSCHE (Friedrich)

L'herpès chantant.

A conquis la philosophie armé d'un rire et d'un marteau.

N'écrit qu'en citations.

NUIT

Quand elle tombe, il ne vient à l'idée de personne de la ramasser.

O

OBAMA (Barack)

Plagiste à Copacobama.

ONFRAY (Michel)

Philosophe normand des XXe et XXIe siècles, il a fait plus fort que son maître, Friedrich Nietzsche : il a troqué le marteau contre l'engin de démolition.

OPTIMISTE

L'optimiste est peut-être moins intelligent que le pessimiste mais il est beaucoup plus sage.

ORAGE

Quand le ciel fait ses besoins, la terre devient son pot de chambre.

OREILLES

X se laisse pousser les oreilles.

OUBLI

Arrive toujours plus vite que le pardon.

p, q

PAIX

Continuation de la guerre par d'autres moyens.

PALESTINIEN

Arabe errant.

PARDONNER

La meilleure façon de se venger.

PARIS

Volière qui se prend pour le cosmos.

PARLER

Quand un couple commence à se parler, c'est qu'il n'a plus rien à se dire.

Ceux qui parlent le moins finissent souvent par devenir ceux qui sont les plus écoutés.

Il y en a qui parlent du nez, d'autres des intestins, certains des testicules, quand ce n'est de l'au-delà.

PAROLE

En société, il ne faut jamais trop donner la parole. Sinon, on ne la retrouve plus.

PASSÉ

N'est pas comme autrefois.

Du passé, il faut faire table rase. De l'avenir, table ouverte.

Le démocrate regrette les bons moments du passé. Le révolutionnaire, les pires.

PATRIE

À ne jamais laisser entre les mains des patriotes. Ils la laissent toujours en plus mauvais état qu'ils ne l'ont trouvée.

PAUVRES

Salauds qui troublent la digestion des autres puis les empêchent de dormir tranquilles.

PAVAROTTI (Luciano)

A su faire pleurer comme personne le violon de sa voix.

PENSER

On ne peut pas penser sans douter. On ne peut douter sans souffrir. Donc, penser, c'est souffrir.

Il y a des gens qui parlent pour éviter de penser, mais il y a aussi des gens qui pensent pour éviter de parler.

« Je pense, donc je suis », prétend l'autre. Mais quand j'y pense, je n'y suis plus.

PENSIONS ALIMENTAIRES

Les amours d'aujourd'hui sont les pensions alimentaires de demain qui sont les découverts bancaires d'après-demain.

PÈRE NOËL

Dieu est de droite ; le père Noël, de gauche.

PERFECTION

Le monde serait parfait s'il ne souffrait pas tant.

PERROQUET

Se développe aussi vite dans les médias qu'il se raréfie dans les forêts tropicales.

PERSONNE

Je ne m'entends bien qu'avec personne.

PÉTAIN (Philippe)

En 1940, les Français ont pris Pétain pour de Gaulle et, en 1958, de Gaulle pour Pétain.

PIÈCE ET LE BILLET (La)

Quand il monta au ciel, le billet de 100 euros observa que la pièce de 1 euro, arrivée en même temps que lui, prenait aussitôt le chemin du paradis alors qu'il était relégué dans la salle d'attente. Au bout d'un moment, il hurla à la discrimination et saint Pierre le conduisit auprès de Dieu.
« Pourquoi m'infligez-vous ce traitement ? protesta le billet de 100. Parce que je suis plus beau que la pièce ?
– Non, on n'est pas comme ça, répondit Dieu. C'est simplement qu'on ne vous a pas vu beaucoup à la messe. »

PIÉDESTAL

Qu'on me mette sur un piédestal et qu'on me laisse tranquille.

PIRE

N'est pas toujours sûr mais arrive souvent. Surtout quand on ne l'attend pas.

POISSONS

Il est plus facile de faire une soupe de poissons à partir des poissons de l'aquarium que de faire des poissons d'aquarium à partir d'une soupe de poissons.

POLITICIEN

Il nous fait des cadeaux avec notre propre argent.

Personnage prêt à partager le gâteau, même quand il n'y en a pas.

Les politiciens font mieux que le Christ : ils ressuscitent tout le temps.

L'entêtement des politiciens dans l'erreur est l'une des preuves de l'infini.

Ils ne peuvent pas le dire ; ils en vivent.

Pour être élu, il leur faut dire : « Je suis en faveur de tout et contre le reste. » Ou bien l'inverse.

POLITIQUE

Activité où on gagne ensemble et où on perd seul.

En politique comme dans la vie, c'est quand on croit tout avoir qu'on n'a plus rien.

POLONAIS

Nationalité qui s'acquiert dans tous les bistrots du monde, mais à condition de boire beaucoup.

PORTABLE

Permet de ne plus se parler pendant les repas.

Les bovins ont une puce à l'oreille, de la naissance à l'abattoir. Les humains ont, eux, un portable à la main. Le principe est le même.

POSTÉRITÉ

Il y a deux façons d'accéder à la postérité : par une grande action ou par un bon mot.

POULES

Pourquoi les poules n'ont pas de seins ? Parce que les coqs n'ont pas de mains.

POUTINE (Vladimir)

Un regard de maquereau mariné.

La poutine : recette québécoise de frites à la sauce brune et au fromage râpé. Dans sa version russe, on ajoute du poison.

POUVOIR

Les vieux rois s'en vont toujours après que les courtisans sont partis.

Quand on tient tout, on ne contrôle rien, même pas les rumeurs.

PRÉSERVATIFS

Grâce aux préservatifs, l'homme peut faire l'amour avec des gants.

PRESSE

Les meilleurs articles de presse : un sujet, un verbe, un compliment.

PRÉTENTIEUX

X se prend pour la forêt ; il n'est que le bonzaï.

PRIER

Les humains forment, avec les oiseaux, la seule espèce qui ne se laisse pas régir par les lois de la pesanteur. Mais ils ne volent pas ; ils prient.

PROPRETÉ

Seul luxe des pauvres.

QUEUE

Centre de l'intelligence masculine et siège du sens de l'orientation. Si on la lui enlève, l'homme ne retrouve plus son chemin.

r

RAMPE D'ESCALIER

Bras qui vous accompagne pour monter l'escalier.

RANCUNE

La rancune est à la colère ce que le vinaigre est au vin.

REAGAN (Ronald)

Mitterrand m'a prétendu un jour que le président américain sortait toutes ses blagues de petites fiches qu'il avait dans les poches. Pour ma part, j'ai pu observer, en le suivant comme reporter, notamment pendant sa campagne électorale de 1980, que Reagan improvisait volontiers : doté d'un sens de l'humour hors du commun, fondé sur

l'autodérision, qui était pour beaucoup dans sa popularité, il aimait plaisanter à propos de ses points faibles, comme sa passion pour les siestes ou sa tendance à survoler les dossiers. Quelques exemples :
« J'ai donné pour instruction qu'on me réveille à tout moment en cas d'urgence nationale, même si je suis en réunion de cabinet. »
« Je ne prends jamais de café au déjeuner. J'ai découvert que ça me tenait éveillé l'après-midi. »
« Il est vrai que travailler dur n'a jamais tué personne, mais pourquoi prendre le risque ? »

RÉALISME

Avarice de l'esprit.

RECEVOIR

Il est toujours moins facile de recevoir que de donner.

RÉGIME

Pourquoi faire un régime ? Une fois qu'on est gros, on est tranquille.

REPAS DE FAMILLE

Occasion de se manger les uns les autres.

RÉVOLUTION

Quand les victimes deviennent des bourreaux.

Tout le monde veut faire la révolution, mais quand il s'agit de laver le linge ou la vaisselle, il n'y a plus personne.

Les révolutions sont des tragédies qui finissent en comédies ou l'inverse.

RIDE

Virgule du temps qui passe.

La mer a les vagues, nous avons les rides.

RIEN

Ce que les hommes répondent à leur femme quand elle leur demande ce qui s'est passé pendant leur journée.

ROMAN

Les romans sont des histoires vraies racontées par des menteurs.

ROUGE À LÈVRES

La cerise sur le gâteau.

ROUGIR

X rougit chaque fois qu'il dit la vérité.

S

SADIQUE

« Déchire-moi, implore le maso. De grâce, explose-moi, défonce-moi.
– Pas tout de suite, répond le sadique. On a toute la nuit pour ça. »

SARKOZY (Nicolas)

L'épaule sauteuse.

Capable de tout, sauf de modestie.

Têtard mouillé.

Cigale cherchant à se faire passer pour une fourmi. A coûté, selon la Cour des comptes, 400 milliards à la France.

Caïd d'escalier.

Mari de Carla Bruni.

SARKOZYSER

V. tr., 2007, de Sarkozy : 1) Menacer, intimider, faire pression. *Sarkozyser une personne. – N. f. :* sarkozysation. 2) Insulter en hurlant. *Il sarkozysa tellement sa femme qu'elle s'évanouit* (Emmanuel Todd). *Contr.* Rassurer.

SARTRE (Jean-Paul)

Sous-Sartre.

Caillou sous la plante des pieds de Socrate.

La seule chose qu'il y a de bien chez Sartre, c'est Beauvoir.

SAVOIR

Savoir est un métier. Une pose particulière, un air entendu ou un froncement de sourcils et le tour est joué. Même les imbéciles peuvent savoir. Tout est une question d'attitude.

SAVON

Que va devenir le monde sans moi ? dit le savon quand il n'y en a plus.

SDF

C'est ainsi que les Bruxellois appellent les Français, souvent exilés fiscaux, qui résident en Belgique. Même si les initiales ne correspondent pas, ils prétendent qu'elles signifient : Français sans difficultés.

SEUL

Je vis seul. Sauf quand je rentre chez moi.

SEXE

Croix de l'homme.

Plaisir de la femme.

Le sexe, c'est comme la confiture : moins on en a, plus on l'étale.

Une amie m'a dit : « Plus le tambour avance, plus la baguette recule. »

SILENCE

Ceux qui se taisent aujourd'hui sont ceux qu'on écoutera demain.

Ce qui compte, on le garde toujours pour soi. Seul le silence est vrai.

Rien ne ressemble plus au silence du bonheur que le silence de mort. C'est la même gravité qui accompagne la dégustation d'un dessert divin et le recueillement des siens devant un cadavre dans son cercueil.

SINGE

Descend de l'homme.

SLIP

Mon père disait : « Quand on a une tête de cul, on met un slip dessus. »

SOCIALISME

Réussit toujours quand il n'est pas au pouvoir.

SOCIALISTES

Font les poches des autres avant de donner l'argent aux pauvres.

SOI

Vite ennuyeux.

Mieux vaut ne pas rester trop longtemps avec : on est déçu.

C'est vraiment quand on est seul qu'on est soi. Sinon, on est toujours quelqu'un d'autre.

SOLEIL

Se couche au moment où on a le plus besoin de lui.

On a le droit de préférer les soleils levants aux soleils couchants.

SOLUTION

Il n'y a qu'une solution possible devant un problème insoluble : changer de problème.

SOMMEIL

Film porno gratuit qui, dans certains cas, dure neuf ou dix heures.

Chaque fois que je sors de mon sommeil, j'ai l'impression d'avoir quitté le paradis et il me faut la journée pour m'en remettre.

SPINOZA (Baruch)

Si plein de vérité qu'il n'arrive pas à la contenir.

Le renégat absolu.

Le Christ de la philosophie.

Entre Kant et Hegel, il faut choisir Spinoza.

STALINE (Joseph)

Le petit tueur des peuples.

Con gelé.

La volupté de l'abjection.

Très surfait.

STRAUSS-KAHN (Dominique)

Le charisme d'une motte de beurre.

Plat de nouilles dont une seule est dure.

STYLE

Ce qui reste quand on n'a plus rien à dire.

Consiste à trouver l'adjectif et l'adverbe exacts, puis à les supprimer.

SUCCÈS

Le succès efface tout, les bêtises comme les mensonges.

Le succès est toujours l'enfant de l'audace. L'échec aussi.

SUFFISANCE

Les gens suffisants sont toujours insuffisants.

Il y a des gens si suffisants qu'ils finissent par se croire nécessaires.

SUICIDE

On se suicide toujours contre quelqu'un et, même quand ça n'est pas le cas, il le croit.

t

TALENT

Trop de talent tue le talent mais c'est toujours mieux d'en avoir.

TAPIE (Bernard)

L'homme de Cromaquignon.

TÉLÉVISION

Là où finissent les ratés.

Elle trouve toujours à qui parler.

C'est dommage qu'elle n'entende rien. On aurait tant de choses à lui dire.

Un con qui regarde la télé est toujours moins dangereux qu'un con qui essaye de la réparer.

TEMPS

Même quand on a passé sa vie à le tuer, c'est toujours lui qui, en dernier ressort, vous tuera.

THERMOMÈTRE

Un ami m'a dit un jour : « Quelle est la différence entre un thermomètre buccal et un thermomètre anal ? Le goût. »

TITRE

« À quoi travaillez-vous ? demanda-t-on un jour à Jules Renard.
– À un titre. »

TOILETTES PUBLIQUES

Occasion de vérifier que les humains descendent du cochon, dont ils ont gardé l'habitude de crotter partout, jusque sur les murs.

TRAHIR

On aime toujours pour la vie les femmes qu'on a beaucoup trahies.

TRAÎTRE

Quand il n'a pas réussi du premier coup, le traître trahira toujours, au moins pour se prouver qu'il avait raison.

TRAVAIL

Il y a des gens qui boivent parce qu'ils n'ont pas de travail. Il y en a aussi qui boivent parce qu'ils en ont.

u

UNIVERS

Mais où va l'univers s'il est infini ?

Quand Dieu a créé l'univers, il a été tellement déçu du résultat qu'il est reparti aussitôt. On ne l'a plus jamais revu.

Le propre des humains : se demander ce qu'ils mangeront au dîner plutôt que de s'interroger sur le pourquoi de l'univers.

URGENCE

Faite pour attendre.

Il faut toujours remettre au surlendemain ce qui pouvait être accompli avant-hier.

UTOPIE

Nom donné aux prétendues grandes idées qui, au XXe siècle, permirent de réguler la population en exterminant 231 millions de personnes, notamment en Europe, en Russie et en Chine.

V

VACHES

Animaux philosophes qui semblent toujours nous regarder de loin et de haut. Les vaches n'ont pas eu besoin de lire Pascal pour connaître le vrai bonheur : demeurer en repos dans un lieu clos.

VALLS (Manuel)

Fait la gueule depuis le jour de sa naissance.

Il a toutes les qualités pour prétendre à un destin national ; il ne lui manque qu'un bon sourire et quelques défauts mais il ne faut pas s'inquiéter : ils viendront.

VANITÉ

Comme la masturbation, la vanité rend sourd.

VANITEUX

Tous les imbéciles ne sont pas des vaniteux, mais tous les vaniteux sont des imbéciles.

VEAU

« Les vaches qui regardent passer les trains, a dit Paul Claudel, sont les mères des veaux que l'on mange dans les wagons-restaurants. » Réponse des vaches : « Les nécrophages qui mangent du veau dans les wagons-restaurants sont les descendants des morts qui gisent dans les cimetières longés par les trains. »

VENGEANCE

Elle est comme l'amour. Elle croit tout ce qu'elle souhaite.

Œil pour œil... C'est ainsi que le monde a fini par devenir aveugle.

VENGER (Se)

Vengez-vous les uns les autres.

Pour se venger bien, il faut se cacher bien.

VENISE

Venise n'est pas une ville mais un sentiment, la sublimation d'un provisoire éternel.

Radeau de la Lagune.

VENT

Le vent s'exprime mal. Comme tous les timides, il a des embardées et puis de longs silences. Souvent, il ne finit pas ses phrases.

VÉRITÉ

La vérité est un mensonge qui a réussi.

La vérité, ça ne sert à rien de la dire. Elle change tout le temps.

L'ennui avec la vérité, c'est qu'il y en a toujours plusieurs en même temps et qu'elles ne sont jamais pareilles. C'est pourquoi les humains se disputent. S'il y en avait une seule, on serait plus tranquilles.

Il ne faut pas sacrifier le bonheur à la vérité : elle n'en vaut pas la peine.

VERS

Une histoire vraie. Alors que Georges Clemenceau est à l'article de la mort, Georges Mandel, qui avait été l'un de ses collaborateurs les plus proches, décide de lui rendre visite. Il est accueilli par la vieille gouvernante de l'ancien président du Conseil, qui a pour instruction de ne laisser entrer personne. Quand elle vient demander au mourant si elle peut faire une exception et introduire Mandel dans sa chambre, il soupire : « Déjà les vers... »

VERTU

Vérifiez les mains des chevaliers de vertu : elles sont souvent très sales.

VESSIE

Une amie m'a dit : « Vessie pleine n'a pas d'oreille. »

Le conseil de la reine Victoria à son fils, avant de mourir : « Toujours prendre ses précautions avant les cérémonies. »

VIANDE

Douleur saignante.

Manger de la viande, c'est manger de la souffrance.

VICE

Plaisir des autres.

VICTOIRE

Il ne faut jamais s'asseoir sur sa victoire ; c'est un fauteuil qui ne tient pas.

VIE

Rêve dont la mort nous réveille.

Roman ni fait ni à faire.

La pire ennemie de l'amour.

Comédie qui devient une tragédie quand elle traîne en longueur.

On n'aime jamais mieux la vie que quand elle commence à vous échapper.

La vie, ça finit toujours par devenir mortel.

Il faudra expliquer, un jour, pourquoi l'homme s'intéresse tant à son destin après la mort et si peu à son destin avant la vie.

On meurt de n'avoir pas vécu. Sinon, on meurt quand même.

La vie passe mais ne repasse jamais.

Mangeons vite la vie avant qu'on nous retire l'assiette.

La vie est un chef-d'œuvre qu'on ne nous laisse pas finir.

Tout le monde passe sa vie à mourir, plus ou moins longtemps et avec plus ou moins de bonheur.

La vie est une prison. Les désirs sont les barreaux.

Les meilleurs moments de la vie d'un homme : entre les cuisses d'une femme.

VIEILLARD

Parfois, après avoir tout vu, tout lu, tout entendu, les vieillards ont cet air exaspéré du spectateur qui se lève au milieu d'une pièce de théâtre et s'écrie : « Remboursez ! »

VIEILLESSE

Ce qui reste quand on a tout perdu.

Dieu a inventé la vieillesse pour que l'on regrette moins la vie après et que l'on meure en silence, sans protester.

VIEILLIR

Vieillir ne serait qu'une habitude à prendre si, après, il ne fallait pas mourir.

Vieillir est un supplice quand on est resté jeune.

VIERGE

Une femme l'est toujours un peu, avant comme après.

VIEUX

Le jour où l'on croit qu'on n'a plus rien à apprendre, c'est qu'on est devenu jeune.

VIN

Sans ivresse, il n'y a pas de vin qui tienne.

VIVRE

C'est quand on a appris à vivre qu'arrivent à maturité les arbres qui feront nos cercueils.

Réussir à vivre, c'est apprendre à mourir.

VOITURE

Passion d'adulte qui permet de retrouver l'esprit d'enfance.

VOLONTÉ DE JUSTICE

Désespoir des gens de bien. Elle veut tout, mais ne peut rien.

VOLTAIRE (François-Marie Arouet, dit)

Pas assez fou pour avoir du génie.

Il a eu beau tout faire pour qu'on le déteste, on le préférera toujours à ce pleurnichard de Rousseau.

Il a tous les talents, mais rien d'autre.

Philosophe préféré des bourgeois, il leur permet de ne croire en rien avec bonne conscience.

VOYAGES

Perdent la jeunesse.

VRAI

Ce qui est considéré comme vrai est souvent faux mais ce qui est réputé faux n'est pas toujours vrai.

VUE

Un ami m'a dit un jour : « Quelle est la différence entre un téléphérique savoyard et un 69 ? La vue. »

w, x, y, z

WAGNER (Richard)

L'Himalaya du désespoir.

Il a beau faire son quelqu'un en levant sa crête, il souffre de la vie. C'est cette souffrance qu'il dit.

W-C

Tous les hommes étant condamnés à aller aux toilettes une fois par jour, l'orgueil n'a pas d'excuse, la vanité non plus.

WILDE (Oscar)

Diamant de bordel.

XÉNOPHILIE

Cosmopolitisme des imbéciles.

XÉNOPHOBIE

Patriotisme des imbéciles.

YEUX

Dieu a donné deux yeux à l'homme mais il ne se sert que d'un seul, et encore, pas toujours.

ZÉROS

Les héros sont presque toujours des zéros. C'est pourquoi ils sont rarement millionnaires.

ZOO

Qui est le singe de l'autre ? La fréquentation des zoos rend perplexe.

ZWEIG (Stefan)

Meilleur écrivain que la lecture de son œuvre ne le laisserait penser.

Chroniques

sérieuses & ridicules

« Si j'étais riche, je pisserais tout le temps... »

C'est Alphonse Allais, grand écrivain humoristique du XIXe siècle, qui est l'auteur de cette pensée magistrale à laquelle je pense souvent en souriant lorsque je me soulage dans les urinoirs. Elle célèbre un plaisir qui reste tabou mais dont on ne se lasse jamais. S'il me fallait donner le prix de la maxime la plus drôle, elle figurerait parmi les favorites.
Sur le même mode absurde, j'ai troussé d'autres pensées ridicules de ce genre :

"Si j'étais célibataire, je n'arrêterais pas de péter."

"Si j'étais la mer, je garderais tous les homards pour ma consommation personnelle."

"Si j'étais une olive, je n'aimerais pas qu'on me farcisse."

"Si j'étais une cuvette de W-C, j'exercerais ma fonction dans les toilettes pour dames."

"S'il n'y avait plus de caviar, il n'y aurait pas autant de riches."

"Si j'étais une vache, je mangerais mes veaux. En paupiette et en blanquette. Sans parler de la tête et du ris."

"Si j'étais un pou, je m'installerais sur la motte des femmes."

"Si j'étais une tartine, je voudrais qu'on me beurre."

"Si j'étais de la confiture, j'adorerais qu'on me tartine."

"Si j'étais une selle, que ce soit sur un vélo de femme."

"Si j'étais un fleuve, je serais la Seine qui pénètre Paris."

L'âne de Louis Philibert ou comment remporter un face-à-face sans se fatiguer

Louis Philibert est de toutes les époques. Il suffit d'éplucher les vieux registres du Sénat ou de l'Assemblée nationale pour trouver une foultitude de personnages dans son genre. L'air rigolard, l'accent chantant, le verbe fleuri, le ventre en avant, la main toujours tendue. Des serre-la-louche. Des Machiavel de marchés.

Tour à tour député, sénateur et président du conseil général des Bouches-du-Rhône, c'était l'un des lieutenants de Gaston Defferre, qui, pendant plusieurs décennies, régna en maître après Dieu sur Marseille et sa région. Un ancien cantonnier fier de l'avoir été, un socialiste départemental, tendance aïoli. Une grande figure du Midi de la seconde moitié du XXe siècle.

Dans la vie, Louis Philibert était politicien et, surtout, chasseur. Autour de sa ville du Puy-Sainte-Réparade, non loin de la chantante Durance, le roi de la gâchette avait de quoi faire : c'est le paradis des sangliers, des chevreuils et des perdrix. Gaston Defferre aimait citer l'une de ses galéjades lors de sa première chasse présidentielle à Rambouillet, en 1981, après l'arrivée de la gauche au pouvoir : « Putain, ici, les faisans, ils attaquent ! »

Un jour, il fit feu sur un autre genre de gibier : Charles Debbasch, figure montante du giscardisme et doyen de la faculté de droit d'Aix-Marseille, qui contestait son pouvoir. Un grand bourgeois archi-diplômé que Louis Philibert écrabouilla lors d'un débat radiodiffusé avec une blague de cantonnier qui aurait fait le bonheur d'Alphonse Daudet. Un face-à-face que la légende provençale a résumé ainsi :

« Avant toute chose, dit Louis Philibert, je voudrais demander à M. Debbasch comment on reconnaît une ânesse en chaleur.

– Écoutez, bredouilla l'autre, ce n'est pas le lieu.

– Monsieur Debbasch, ne bottez pas en touche, c'est une question importante. Je la pose à nouveau : à quoi reconnaît-on une ânesse en chaleur ?

– On n'est pas venu pour parler de ça, monsieur Philibert, vous insultez les Français.

– Je répète ma question…

– S'il vous plaît, vous n'avez pas le droit d'abaisser ainsi le débat. »

Alors, Philibert :

« Eh bien, voyez-vous, monsieur Debbasch, vous aurez beau vous targuer de tous les diplômes de la Terre, vous êtes plus con qu'un âne parce que l'âne, lui, il sait ! »

L'incroyable Edgar Faure

François Mitterrand aimait dire qu'Edgar Faure était, avec Maurice Faure et Félix Gaillard, l'un des personnages les plus intelligents de sa génération de la IVe République. Il était aussi l'un des plus drôles.
Parmi les grandes formules qu'a laissées Edgar Faure à la postérité, il y a notamment: « Voici que s'avance l'immobilisme et nous ne savons pas comment l'arrêter. » Ou encore: « Lorsqu'un problème est difficile, il faut toujours avoir recours à une solution compliquée. »
J'ai rencontré peu de gens avec autant d'esprit et une tendance aussi naturelle à dominer les conversations. Lors d'un dîner, après avoir fait un grand numéro narcissique, il s'arrêta net et laissa tomber: « Bon, j'ai assez parlé de moi. Et si on parlait de mon dernier livre ? »
Il aimait les femmes, y compris la sienne, Lucie, qui était sa conscience et dont il avait peur. Quand il était président de l'Assemblée nationale, ils habitaient ensemble à l'hôtel de Lassay. Pour ne pas se laisser surprendre par une visite inopinée de Mme Faure pendant qu'il se trouvait en galante compagnie, ce qui arrivait souvent, il avait pourvu son bureau d'un placard et d'une porte de sortie supplémentaires.
Cet homme qu'on appelait « le président » semblait toujours sortir d'une pièce de Feydeau et en jouait avec un sens certain de l'autodérision. Surpris un jour par terre avec une femme par un de ses collaborateurs, il

lui avait dit, l'œil complice : « Je cherche une gomme. » Quelques semaines après la mort de sa femme, venant de prendre congé d'une poule particulièrement vulgaire, il glissa à son visiteur suivant : « C'est vrai qu'elle est moche mais, que voulez-vous, je suis encore en deuil. »

Les trois mousquetaires de l'Auvergne

C'est l'histoire d'une amitié entre trois hommes qui aimaient boire et s'amuser. Trois députés socialistes que l'on surnommait « les mousquetaires de l'Auvergne ». Des amis de Michel Charasse, laïcs et francs-maçons, pour lesquels François Mitterrand avait un gros faible : Arsène Boulay, Joseph Planeix et Fernand Sauzedde.
Des trois, le dernier, un petit homme bigleux et rondouillard, était sans doute le plus drôle, ce qui n'est pas peu dire. Pilier de la buvette de l'Assemblée nationale, il passait son temps à distribuer des prospectus touristiques et des couteaux de Thiers, la ville dont il avait été maire. Il en avait toujours plein les poches.
L'autre particularité de Fernand Sauzedde était, quand il avait bien bu, de piquer un roupillon en gardant ouverts des yeux qui ne montraient plus que leur blanc. C'est ce qui lui arriva lors d'un dîner très arrosé dans un château près d'Issoire, au cours des années 1970. Il y avait là tout le gratin auvergnat, et notamment le patron d'une entreprise de pompes funèbres dont la camionnette était remplie de couronnes mortuaires en prévision d'un enterrement programmé le lendemain.
Après l'agneau à la broche, Fernand Sauzedde commença à ronfler et, le dessert terminé, ses copains décidèrent de lui faire une blague. Ils l'installèrent sur un catafalque,

dans la chapelle, posèrent un grand crucifix sur son ventre et des couronnes mortuaires partout autour de lui.
Quand il se réveilla, après avoir cuvé son vin, Fernand Sauzedde était donc mort pour la première fois de sa vie.

Les animaux, agents d'ambiance

Si l'on en croit la Bible ou le Coran, Dieu a créé les bêtes pour nous. Pour les rôtir, pour nous distraire ou pour les choyer. Il fallait y penser. On ne remerciera jamais assez le Seigneur. L'animal est en soi un sujet de conversation. Ses facéties permettent de la relancer quand elle tombe. Avec une bête sous la main, on sait toujours quoi dire : ça meuble.
« Qu'est-ce que t'as, mon Kiki ? Tu veux sortir faire pipi ? »
« T'as faim ? T'as soif ? Il y a quelque chose qui ne va pas ? »
Sans vos enfants et vos petits-enfants retenus en vacances loin de France sur des plages ensoleillées, les fêtes de fin d'année peuvent être très tristes. Sauf si vous avez eu la bonne idée de les remplacer par un animal, notamment un chat ou un chien. Même s'il n'a pas de conversation, un poisson rouge peut également faire l'affaire, encore qu'on a le droit de préférer les animaux à poils doux, qui font tapis, coussin, couverture, peluche ou Dieu sait quoi encore.
L'animal est, comme dirait Martine Aubry, inventrice des trente-cinq heures et de cette fabuleuse profession, un agent d'ambiance. Il met de la joie partout. À condition toutefois qu'il ait, s'il s'agit d'un chat ou d'un chien, les pattes et ce que vous savez bien propres. À condition aussi que les chiens respectent nos jambes et ne les prennent pas pour des femelles en chaleur.

J'ai personnellement connu un bouledogue nain avec qui j'aurais pu avoir beaucoup d'enfants. Il avait l'amour frénétique et permanent, pour le plus grand malheur de mes pantalons qu'il maculait de taches blanchâtres. Quand il y avait du monde, je le reléguais dans la buanderie pour l'empêcher de s'attaquer aux invités. Si, cédant à ses supplications, je finissais par le libérer, il se précipitait sur la première jambe venue pour ahaner dessus. Comme beaucoup d'hommes en général et moi-même en particulier, il avait un sexe à la place du cerveau.
Pour animer les soirées de fête, je déconseille le furet, qui pue, ou le serpent, qui jette un froid. Je mets aussi en garde contre le perroquet, particulièrement le gris du Gabon, un baratineur invétéré qui n'a pas sa langue dans son plumage. D'un naturel moqueur, voire sarcastique, il pourrait s'amuser à vous insulter ou à déballer des secrets de famille. Il est incontrôlable.
Le chat a toutes les qualités, fors la loyauté. C'est folie de compter sur lui, il n'en fera toujours qu'à sa tête. Même s'il est souvent veule et prévisible, j'ai donc un faible pour le chien. Feu mon confrère Alphonse Allais, l'inoubliable auteur du *Captain Cap*, écrivit jadis : « On n'est jamais trahi que par les chiens. » C'est une grossière erreur d'observation : remontant très haut, son ventre proéminent lui bouchait la vue, comme ça arrivait souvent aux bourgeois du XIXe siècle, amateurs de plats canailles, et je subodore que cet enfant de Honfleur n'arrivait même pas à voir la mer. Alors, les chiens, n'y pensez pas : ils étaient bien trop bas pour lui.
Avec tout le respect que je dois à cet homme qui est notre maître à tous, j'aurais tendance à penser le contraire : « L'homme trahit toujours les chiens. » Encore qu'ils le méritent souvent, leur tempérament lèche-cul pouvant les rendre insupportables.

Si, pour cette raison ou une autre, vous n'aimez pas les chiens, je vous conseille de passer vos fêtes avec d'autres animaux qui, depuis la plus haute Antiquité, portent bonheur[1] :

– le hibou, qui, quand il ulule, annonce le beau temps et dont les œufs guérissent de l'alcoolisme ;
– l'hirondelle, appelée « oiseau du paradis » en terre d'islam, qui ne fait son nid que dans les foyers heureux ;
– le lièvre (à la royale ou pas), qui, selon une légende taoïste, est le préparateur de la drogue de l'immortalité ;
– l'éléphant, qui symbolise à la fois la sagesse, la force et la connaissance. Il suffit de monter sur son dos pour être béni des dieux ;
– le homard (à l'armoricaine ou pas), qu'il ne faut pas prendre sous peine de graves ennuis à venir. Mais ce n'est pas parce que vous le mangez que vous l'avez pris.

1. *Le Livre des superstitions*, par Éloïse Mozzani, collection « Bouquins », Robert Laffont.

L'entretien préalable de Nicolas S.

Ce texte a été publié le 19 avril 2012, trois jours avant le premier tour de l'élection présidentielle, dans le magazine suisse L'Hebdo.

Depuis plusieurs jours, Nicolas S. avait perdu le sommeil. Ce matin-là, le teint terreux et les yeux vides, il faisait peine à voir. Son nœud de cravate était défait depuis la veille et on aurait pu croire qu'il avait dormi avec sa chemise, au demeurant très chiffonnée.
Il monta avec une expression de grande lassitude dans l'ascenseur et sortit au 3e étage, celui des ressources humaines. Il frappa à une porte où était écrit « Édouard Langereau, directeur ». Pas de réponse. Il frappa alors à la porte de la secrétaire, qui lui demanda d'aller dans la salle d'attente un peu plus loin. Elle irait le chercher. Jusqu'alors, c'était toujours Édouard Langereau qui allait le voir, jamais l'inverse. Un petit homme vif et jovial, tiré à quatre épingles, qui ponctuait souvent ses phrases par la même question, dont il ne semblait jamais écouter la réponse : « Comment ça va ? »
Ce jour-là, quand la secrétaire introduisit Nicolas S. dans le bureau du directeur, une quarantaine de minutes plus tard, Édouard Langereau ne lui posa pas tout de suite la question rituelle. Il se leva pour lui serrer la main et, après s'être rassis, annonça à Nicolas S. qu'il l'avait convoqué pour « un entretien préalable ».

« Je suis désolé, Nicolas, commença-t-il. Vous n'étiez pas fait pour ce job.
– Je ne vois pas ce que vous avez à me reprocher.
– Beaucoup de choses, Nicolas.
– Vous ne trouverez jamais quelqu'un qui travaille autant que moi. Jamais.
– Je sais, mais ça n'est pas le problème.
– Levé tous les jours à 5 h 30, couché à 1 heure du matin, ce que j'ai fait pendant cinq ans, aucune bête ne l'aurait fait. Surtout pour une fonction qui, franchement, est à peine de mon niveau. J'aurais pu gagner plein de fric dans le luxe, la banque ou le bâtiment. J'ai d'ailleurs eu beaucoup de propositions intéressantes, ces dernières années. J'ai toujours tout refusé.
– Rien ne vous empêchait de les accepter, Nicolas.
– J'avais le nez dans le guidon, je ne voyais pas le mauvais coup que vous étiez en train de me préparer.
– Reconnaissez qu'on vous a envoyé des signaux.
– Oui, mais j'étais sûr que vous ne commettriez jamais la connerie de me virer. Vous n'aurez plus jamais la chance d'avoir quelqu'un comme moi. Un type avec autant d'énergie, et je ne vous parle pas de mon intelligence ! Vous connaissez quelqu'un de plus intelligent que moi ?
– Ce n'est pas la question, Nicolas.
– Vous m'avez sous-utilisé. Je valais bien mieux.
– C'est précisément pour cette raison qu'il vaut mieux nous séparer. Vos collaborateurs ne pouvaient plus vous supporter.
– Mes collaborateurs ? Tous des nuls ! Des cons ! Des minus ! Je faisais le boulot à leur place.
– Voilà précisément ce qu'on vous reproche. »
Il y eut un silence et Édouard Langereau posa enfin sa question rituelle :

« Et à part ça, Nicolas, comment ça va ?
– Bien, Édouard.
– Donc, ça va, n'est-ce pas ?
– Mais comment ça pourrait aller mal ? Vous avez fait une bêtise tellement monstrueuse que, dans une heure ou deux, je le sais, vous allez vous en mordre les doigts et vous rouler à mes pieds pour me demander de réintégrer l'entreprise. Notez, je vous comprends. Des gens comme moi, aussi géniaux et créatifs, y en a pas sur le marché. Je ne sais pas si j'accepterais de revenir, voyez-vous. Faut que je me pose et que je réfléchisse. C'est une décision que je vais mûrir. Je vous donnerai ma réponse un peu plus tard. En attendant, je laisse mes affaires dans mon bureau. Ce serait stupide de les déménager deux fois.
– Il vaudrait mieux.
– Je vous assure, ce n'est pas la peine. En plus, figurez-vous que j'ai déjà réfléchi. Y aura pas de suspense, je vous donne ma réponse dès maintenant : j'oublie tout ce que vous venez de me faire subir et j'accepte de rester, c'est une grande faveur que je vous fais mais, que voulez-vous, je suis dans un bon jour. »

Le jour où François H. est monté au ciel

Quand François Hollande arriva au ciel, il semblait très en forme. Il est vrai que cet homme semble très en forme en toute circonstance.

« Excusez-moi, mais êtes-vous bien sûr que vous êtes mort ? s'enquit saint Pierre.

– Sans exagérer, répondit François Hollande, je crois que j'ai passé l'arme à gauche.

– Pour un mort, vous avez l'air de si bonne humeur, c'est étrange... Les autres font toujours la gueule, vous comprenez. »

Sur quoi, saint Pierre emmena François Hollande à l'étage du patron, dans le bureau de Dieu qui, à sa vue, poussa un gros soupir :

« Ah, vous voilà, vous. Avant de vous envoyer à votre destination finale, je voulais avoir deux mots avec vous. D'abord, vous est-il arrivé, au cours de votre vie, de prendre une seule décision ?

– Vous lisez trop la presse, rigola François Hollande.

– Avec toutes vos hésitations, vous m'obligez à renvoyer ce pauvre vieux Moïse sur Terre pour rajouter un huitième péché capital à sa liste : la procrastination.

– Je procrastine, et alors ? Quel mal y a-t-il à ça ? C'est une occupation comme une autre. Vous auriez préféré que je passe ma présidence à parler à la télévision, comme certains de mes prédécesseurs l'ont fait ? »

Le Tout-Puissant l'observa avec un mélange de consternation et de commisération, puis :
« Vous avez bien été élu par les Français pour prendre des décisions, ou je me trompe ?
– Si j'avais pris les décisions qu'ils souhaitent, j'étais fini. Si j'avais pris celles qu'ils refusent, j'aurais été fini aussi. Il m'a semblé plus intelligent de ne pas en prendre.
– C'est précisément ce que je vous reproche, déclara Dieu. Pour passer à votre cas personnel, je voudrais que vous me disiez maintenant si vous préférez l'enfer ou le paradis.
– Vous m'embarrassez.
– Mais encore ?
– L'enfer, ça ne me dit rien, vous pensez bien. Mais le paradis, ça doit être d'un ennui mortel, surtout vers la fin. En plus, mes amis de la gauche socialiste vont me dire que c'est une invention de la droite libérale, fondée sur la méritocratie, qu'ils vomissent plus que tout. À leurs yeux, tout le monde devrait y avoir droit, en même temps qu'à une allocation, sauf les patrons qui ont déjà bien profité sur Terre. À propos, y a-t-il une allocation au paradis ?
– Non.
– Et un accès prioritaire pour les fonctionnaires, afin de leur épargner les files d'attente ?
– Non plus.
– Si j'accepte d'aller au paradis, soupira François Hollande, la gauche de ma gauche va encore m'accuser de social-traîtrise à la solde des États-Unis et de l'ultralibéralisme mondialisé. Vous comprenez mon dilemme. Pour qu'ils ne critiquent pas ma décision, il faudrait que vous acceptiez de lancer une opération “Paradis pour tous”. Vous pourriez en faciliter l'accès à tout le monde ?

– Je crains que non. Il ne faut pas confondre le bon Dieu et le père Noël. »

C'est ainsi que François Hollande s'est retrouvé au purgatoire.

Les colères du père Noël contre les présidents français

Un jour, le père Noël prit un avocat et, comme il l'avait déjà fait avec les trois prédécesseurs de François Hollande, porta plainte contre le président pour concurrence déloyale. L'assignation allait jusqu'à parler de « contrefaçon ».
Aussitôt, le président de la République décida d'organiser un voyage officiel en Finlande et, profitant d'un trou dans son emploi du temps, lui rendit visite dans sa maison de Laponie.
« C'est gentil d'avoir fait le déplacement, lui dit le père Noël en l'accueillant. J'ai souvent eu des problèmes avec les dirigeants français, qui me plagient honteusement, mais vous êtes le premier à venir me voir à mon domicile pour en parler. J'apprécie la démarche.
– Ce n'est pas la première fois que vous décidez d'intenter un procès à un politicien français mais vous n'allez jamais au bout. Comment ça s'est passé avec mes prédécesseurs ?
– Sarkozy m'a convoqué à l'Élysée un dimanche soir. Un rendez-vous secret où il m'a menacé de tout, comme un caïd de téléfilm. "Fais gaffe, m'a-t-il prévenu. On va s'occuper de toi." Après ça, il m'a traité de connard, d'ordure, de filloniste, d'enculé et de Mickey. Mickey, franchement, ça m'a vexé. Est-ce que j'ai une tête de Mickey ? En plus, j'ai toujours trouvé que c'était

un zéro, ce Mickey. Avec Sarkozy, même si mon dossier était en béton, il m'a semblé que je risquais d'entrer dans des polémiques affreuses : c'est un type très spécial, un agité du bocal, j'ai tout de suite compris ça. Et, dans mon métier, il ne vaut mieux pas de mauvaise publicité. J'ai fini par retirer ma plainte.

– Avec les autres présidents, avez-vous eu un meilleur contact ?

– Ils m'ont charmé. C'est pourquoi j'ai fini, dans ces cas-là aussi, par retirer ma plainte. Avec Mitterrand, ça s'est passé en terrain neutre, à Venise, où j'ai découvert un homme très cultivé et très attachant. Avec Chirac, on s'est pété la gueule au Kremlin en compagnie de son pote Eltsine. Les deux m'ont promis d'arrêter de promettre n'importe quoi mais, après, hélas, ils n'en ont rien fait. Vos présidents ont tué le métier, vous comprenez. Je n'ai plus l'air de rien. »

François Hollande leva deux sourcils interrogateurs :

« Qu'attendez-vous de moi ?

– J'en ai assez d'être copié, figurez-vous. Je me sens humilié et ridiculisé par tous ces imitateurs de poche qui se sont mis dans mon sillage. J'ai envie de prendre ma retraite et je suis prêt à retirer ma plainte si vous acceptez de me remplacer.

– Pourquoi pas ? s'amusa Hollande.

– Vous verrez, on voit du pays et on embrasse beaucoup d'enfants.

– C'est déjà mon cas. »

Le père Noël lui tendit sa hotte :

« Attention, les temps étant très durs, je n'ai plus rien dans ma hotte. »

À quoi Hollande répondit en l'enfilant :

« Ça va, j'ai l'habitude. »

Le monologue de la coccinelle

Je clopine, je clopane. Je chaloupe, furète, volette, je suis la coccinelle, la reine du ciel, la plus goulue des dames du jardin. On m'appelle « la bête à bon Dieu » mais ne vous y fiez pas, c'est un surnom pour rassurer les pucerons et les pucerelles qui me font ventre. Les pauvres couillons, ils ne s'enfuient même pas quand je m'amène. Ils sucent, ils sucent, c'est tout ce qu'ils savent faire. Mais je comprends qu'ils aient confiance : je suis le bien, la beauté et le bonheur incarnés. Les trois en un. Chaque fois que je m'approche d'eux, ils ont la tête baissée, comme des cagots, pour que je les bénisse. Au lieu de quoi, je les mords, les mâche, les croque et les avale. J'aime tout chez les pucerons. Le miellat mais aussi les pattes, les yeux, les tripes et le trou de balle qu'adorent tant lécher les fourmis. Je ne laisse rien derrière moi. C'est pourquoi je suis si pure, d'une pureté en marche et jamais rassasiée. Pardonnez le gros derrière ailé que je porte sur le dos, mais c'est à cause de ma faim de pureté. J'en suis toute gonflée. Elle m'emmène sans cesse au-dessus de moi-même. N'était le petit œuf qu'une guêpe a planté sous mon écorce et qui s'est transformé en larve affamée, je sais que je serais immortelle. Tout le monde est immortel ici-bas, mais personne n'arrive à le rester longtemps. Même les coccinelles.

On ne voyage jamais mieux qu'en voyageant

Où va l'homme ? Dieu seul le sait et ce n'est même pas sûr. Généralement, il suit la femme. Quand elle ne le suit pas. Avec une ombrelle ou un parapluie, c'est selon. Souvent des gros seins.
Ensemble, l'homme et la femme apprennent les montagnes, les couscous, les fleuves, les lasagnes, les volcans, les océans, les bouddhas et les danses locales. Après quoi, ils se sentent mieux avant de retourner se coucher chez eux.
Nous sommes tous pareils. Comme tout le monde, je rêve de manger du mille-feuille aux fruits exotiques en Alaska, du hareng mariné à l'aneth au Kenya, de la soupe aux nids d'hirondelle au Groenland, de la crème d'ortie à la ciboulette en Arizona, des glaces à la vanille au Sahara. J'ai rêvé de fumer un havane en Sibérie, de faire du ski sur les pentes neigeuses de l'Arabie Saoudite ou encore de faire griller au feu de bois des brochettes d'omble chevalier quand je serais au sommet de l'Himalaya.
Ce n'est pas en le cherchant qu'on trouve le bonheur. C'est même quand on croit le tenir entre les mains qu'il vous échappe pour de bon. Sans qu'il soit possible d'affirmer qu'il n'est nulle part, il ne fait aucun doute que le bonheur est toujours ailleurs. Souvent en face, comme dit Scott Fitzgerald. Ou bien par terre. Ou encore dans le sexe d'une femme. À moins que ce ne soit dans une

salade de tomates russes. Mais, quand on le touche, il n'est jamais que de passage. Voilà pourquoi nous courons tous après lui en parcourant le monde.

Rien ne sert de courir : il faut partir à point. J'ai commencé à voyager très jeune. En classe, d'abord. Surtout pendant les cours d'arithmétique. Je me souviens que, dans mes dix ans, j'avais une barbe et pas froid aux yeux. Un jour, j'étais boucanier aux Antilles. Le lendemain, missionnaire en Afrique. J'ai galopé des mois, en dormant sur mon cheval, dans les steppes d'Asie centrale avant de me laver les dents, les pieds et le cul dans les eaux du Gange. Parfois, l'instituteur, furieux, me lançait une craie pour me réveiller de mes promenades à travers le monde.

Blaise Pascal a dit que les malheurs de l'homme commencent quand il sort de sa chambre. Le penseur a raison. On ne se méfie jamais assez de ce qui se passe dehors. Les rues sont de plus en plus dangereuses, par les temps qui courent. Les transports en avion ne sont pas donnés, les nuits d'hôtel non plus. Rien ne nous oblige à voir ailleurs si nous y sommes. Cette recherche est d'autant plus hasardeuse que l'on est souvent déçu du voyage. Nous ne sommes plus à l'époque du Graal ni de la Toison d'or, mais à celle de McDonald's ou des Apple Stores. D'un naturel méfiant, j'ai donc beaucoup bourlingué chez moi. Dans les rayons de ma bibliothèque. Dans mon lit aussi. Avec Homère, Dostoïevski, Steinbeck, Giono ou Mailer. Sans oublier Julien Green. Souvent, j'ai été très loin avec eux, jusqu'au-delà des limites du monde, quand les bornes sont franchies. Plus d'une fois, je me suis perdu.

On ne voyage jamais mieux qu'en voyageant. Sur la planète, bien sûr, mais aussi chez soi, dans sa tête.

Une odeur de paradis

La librairie, c'est le paradis que l'homme a inventé quand il s'est pris pour Dieu. Il y règne une odeur de vieux grenier et on n'y trouve que des amis qui ne trahissent jamais : les livres.

Depuis la nuit des temps, la librairie est tenue par la même personne : un puits d'érudition. Souvent, c'est un vieil homme à lunettes, royaliste ou gauchiste. Avec un nœud papillon. Ou bien une barbe de trois jours. Les chaussures, en revanche, ne changent jamais. Elles bayent aux corneilles.

Il arrive aussi que la libraire soit une jeune femme, avec une bouche à manger la vie qu'elle passe dans les cartons et les rayonnages, comme en témoignent ses ongles noirs. J'en ai connu quelques-unes, dans le genre : ainsi Mlle Lemercher qui, dans les années 1960, officiait rue des Martyrs, à Elbeuf. Quand, sur son échelle, elle rangeait ses livres, elle avait des gestes langoureux, tandis que des rougeurs passaient sur son visage, comme si elle leur faisait l'amour.

Elle était exaltée et pouvait parler littérature pendant des heures, réciter du Valéry ou du Rimbaud, de sa voix chaude et gloussante. Elle avait toujours tout son temps. Les libraires en ont de plus en plus, aujourd'hui. C'est logique : les clients ne se pressent plus devant leur caisse enregistreuse. Ils ont mieux à faire. Des voyages et puis aussi des textos, des mails, des tweets, des blogs.

Sans parler de la télévision. Il faut se mettre à la place des gens.

Mais les gens passent et les librairies demeurent. Comme les églises, les temples, les châteaux, les oubliettes ou les souterrains, vestiges d'un monde en démolition. Au détail près que les librairies restent vivantes comme au premier jour.

Je peux passer des heures dedans. Quand je reste planté à lire un livre, je musarde et me promène. Il m'arrive même de voyager loin. Souvent, dans le temps. Je fais un bout de chemin avec Charlotte Corday qui tient à la main son adorable poignard ; Plutarque, l'ami des animaux ; Blaise Pascal, mon confident ; Rousseau, l'imbécile malheureux, qui vient d'abandonner ses enfants. Swann avec son Odette dans la tête et sur les bras. Après quoi, je vais faire un tour en Malaisie, accours au Bénin, reviens en Perse, file en Amazonie, grimpe sur l'Atlas, fonds sur le Pérou avant d'atterrir à Syracuse. Autant d'endroits où je ne me suis jamais rendu.

Quand je quitte les librairies, je ressens toujours comme un arrachement. Chaque fois, j'ai le sentiment d'avoir raté quelque chose : un secret, un poème, une rencontre, un visage, un mystère, une blague, un paysage, une main qui se pose sur la mienne.

J'envie les libraires de vivre au milieu de tant de vie dans leurs rayonnages. On a tort de dire qu'ils sont en exil sur cette Terre. C'est nous qui, au fur et mesure qu'ils disparaissent, entrons en exil de nous-mêmes.

MIXTE
Papier issu de
sources responsables
FSC® C003309

Les papiers utilisés dans cet ouvrage
sont issus de forêts responsablement gérées.

Mis en pages par DV Arts Graphiques à La Rochelle.
Imprimé en France par CPI Bussière
à Saint-Amand-Montrond (Cher).
N° d'édition : 3004. — N° d'impression : 2005665.
Dépôt légal : novembre 2013.
ISBN 978-2-7491-3004-0